À amiga

Com carinho e admiração

Gig Economy e Contrato de Emprego

Aplicabilidade da Legislação Trabalhista aos Vínculos de Trabalho da Nova Economia

Francisco de Assis Barbosa Junior
Juiz do Trabalho do TRT da 13ª Região. Pós-Graduado em Direito do Trabalho pela Universidade Potiguar. Mestre em História pela Universidade Federal de Campina Grande — PB. Doutorando em Direito pela Universidade do Minho — Portugal. Professor da disciplina de Prática Trabalhista do Curso de Direito da UNIFACISA. Professor de Pós-Graduação em Direito e Processo do Trabalho do UNIPE, da ESMAT 13 e da UNIFACISA.

Gig Economy e Contrato de Emprego

Aplicabilidade da Legislação Trabalhista aos Vínculos de Trabalho da Nova Economia

LTr®

LTr
EDITORA LTDA.

Rua Jaguaribe, 571
CEP 01224-003
São Paulo, SP — Brasil
Fone (11) 2167-1101
www.ltr.com.br
Junho, 2019

Produção Gráfica e Editoração Eletrônica: R. P. TIEZZI
Projeto de Capa: FABIO GIGLIO
Impressão: PSP DIGITAL

Versão impressa — LTr 6190.9 — ISBN 978-85-361-9994-8
Versão digital — LTr 9557.6 — ISBN 978-85-301-0028-5

Dados Internacionais de Catalogação na Publicação (CIP)
(Câmara Brasileira do Livro, SP, Brasil)

Barbosa Junior, Francisco de Assis

Gig economy e contrato de emprego : aplicabilidade da legislação trabalhista aos vínculos de trabalho da nova economia / Francisco de Assis Barbosa Junior. — São Paulo : LTr, 2019.

Bibliografia.

ISBN 978-85-361-9994-8

1. Contratos de trabalho 2. Economia colaborativa 3. Relações de trabalho 4. Trabalho — Leis e legislação I. Título.

19-25151 CDU-349.22:331.106

Índice para catálogo sistemático:

1. Contratos de emprego : Relações de trabalho : Direito do trabalho 349.22:331.106

Maria Paula C. Riyuzo — Bibliotecária — CRB-8/7639

Dedico este livro aos meus três filhos, Assis Neto, Bernardo e Maria, e ao meu irmão Vick, coautor de tudo de bom que faço.

SUMÁRIO

O contexto supranarrado forma a proposta central do presente estudo, o qual busca analisar a *gig economy*, as relações e trabalho nela existentes e o reconhecimento, ou não, destas como contratos de emprego

Assim sendo, e seguindo essa proposta norteadora, no primeiro capítulo, foi traçado um panorama da nova revolução industrial, com rápida análise das "revoluções" anteriores. Nele foi abordado o novo mercado de trabalho, o trabalho 4.0, o setor quaternário da economia, seu crescimento e sua situação atual. Ainda, nesse capítulo, foi apreciada a denominada "economia colaborativa" ou "compartilhada" e suas diferenças com relação a *gig economy*.

No segundo capítulo, foi estudada especificamente a *gig economy*, suas subdivisões (que não encontram unanimidade entre os autores pesquisados), algumas empresas típicas, mudanças de expectativas dos trabalhadores ante seu surgimento e crescimento e as ações distintas das empresas dentro da mesma.

No terceiro capítulo, foram investigadas regras trabalhistas já existentes e, em tese, aplicáveis aos pactos firmados na *gig economy*, descrevendo a necessidade de se abordar as relações de trabalho presentes neste ramo econômico sob novos prismas, adaptando-se as normas consolidadas e inicialmente destinadas à economia tradicional para serem aplicadas no novo mundo do labor.

Nos itens seguintes, foram analisados alguns tipos de contratos de empregos já existentes.

O primeiro objeto de análise foi o pacto terceirizado. No subitem, houve apreciação das legislações portuguesa e brasileira no particular, sendo feitas uma abordagem histórica das normas estatais concernentes ao instituto e uma abordagem de dados atuais relacionados com os trabalhadores terceirizados. Ao final, houve apreciação da possibilidade de aplicação das normas relacionadas a esta espécie de relação de emprego a contratos da *gig economy*.

No item seguinte, foi estudado o Contrato de Trabalho a Tempo Parcial, com análise das legislações portuguesa e brasileira relacionadas, assim como de Convenção da OIT pertinente e de aspectos legais e econômicos deste tipo de contrato na União Europeia. Em passo posterior, apreciou-se a possibilidade de aplicação deste contrato a tempo parcial na *gig economy*.

No último subitem do capítulo, tratou-se do Contrato de Trabalho Intermitente seguindo a mesma lógica dos anteriores, com abordagem das legislações aplicáveis a esta espécie contratual no Brasil e em Portugal. Nele também foram apreciados contratos semelhantes ao Intermitente na Inglaterra e na Espanha. Por pertinência com o tema, foi também tratado o instituto da flexissegurança, presente em grande parte da Europa, assim como a constitucionalidade do Contrato em tela. Por fim, foram apreciadas as chances de adoção deste contrato na economia *gig*.

Introdução

O Direito do Trabalho foi forjado com base numa espécie de relação de labor em que majoritariamente estavam no mesmo ambiente físico empregado e empregador, em que laborava o trabalhador dentro de estabelecimentos empresariais, existindo contato direto entre os atores das relações de emprego. Porém, com a propagação das Novas Tecnologias de Informação e Comunicação (NTIC), surgiram novas formas de trabalho, as quais demandam uma atualização das regras laborais e de sua interpretação, que deve ocorrer à luz dos novos tempos, no qual a tecnologia e a liquidez nas relações humanas desafiam a capacidade de regulação estatal.

Destro desse contexto, ganham destaque as relações de trabalho inseridas na *gig economy*. Estas possuem uma nova feição, com intermediação entre o obreiro e o consumidor final feita a distância por empresas via meios telemáticos, sem maiores contatos entre estas e os trabalhadores, o que, em princípio, faz concluir pela inexistência de um contrato de emprego a uni-los.

Contudo, a conclusão pela inexistência de um vínculo empregatício não deve ser adotada de imediato. Deve-se antes analisar as novas relações de trabalho com mais profundidade, buscando aferir se efetivamente não existem os elementos caracterizadores daquele liame, ou se, ao contrário, estes se mostram presentes, apenas o fazendo sob nova forma, confeccionada pelos ditames do novo mundo do trabalho.

Contratos há na legislação trabalhista que efetivamente se aplicam aos pactos da *gig economy*, todavia, para tanto, mister se faz uma reflexão profunda sobre os mesmos, com aferição se abaixo da cortina autônoma não existem traços capazes de enquadrá-los como contratos de emprego.

Nesta linha, as especificidades das atividades laborais existentes na *gig economy* não podem, *a priori,* servir de obstáculo para a aplicação das normas do Direito do Trabalho, apenas devendo haver esta exclusão quando efetivamente não existirem os elementos caracterizadores de um vínculo de emprego.

ção da dignidade da pessoa humana, princípio maior fundante de nossa República. Uma boa e proveitosa leitura!

Paulo Henrique Tavares da Silva
Doutor em Direitos Humanos e Desenvolvimento pela UFPB. Professor da UFPB e da Unipê Centro Universitário de João Pessoa. Membro Permanente do PPGD (mestrado em direito) da Unipê/PB. Juiz do Trabalho.

O espaço, o chão de fábrica, a exemplo do capital, diluiu-se. Não se encontra mais, por padrão, aquele trabalhador enclausurado na fábrica, na empresa, no escritório, onde ali submetia-se aos poderes diretivos e fiscalizatórios do empregador. Recebeu o operário a liberdade, o maquinário pode ser operado por robôs dotados de aprendizagem de máquina. Mas essa liberdade, paradoxalmente, não se apresenta libertária. Pelo contrário, a vida extramuros é bem mais perversa, submetendo-se o agora autônomo à tênue, mas eficiente, subordinação eletrônica, através dos aplicativos de telefonia celular. Ao discurso que se atrela a uma vida plena fora do ambiente da empresa, soma-se o dito que se entregou a gestão do tempo ao próprio prestador de serviços. Ledo engano, pois a lógica da produção passou a cooptar os pensamentos do prestador de serviços, enquanto estiver de vigília, quiçá povoando seus sonhos, sob o pálio da necessidade de ligar-se a várias fontes tomadoras de trabalho, numa intermitência que somente é para quem recebe, pois, para aquele que entrega o trabalho, há uma permanência, uma inerência.

O prezado leitor haverá de indagar: o que um professor nordestino teria a ofertar academicamente a esse debate? Muita coisa! Note-se que Assis Barbosa deita raízes profissionais e afetivas na cidade de Campina Grande, Paraíba, carinhosamente alcunhada de "Rainha da Borborema". Nossa rainha é soberana também, há muito, do reino da tecnologia. Campina Grande ocupa posição de destaque no desenvolvimento telemático nacional. Imerso nesse ambiente, o professor pode dar início às suas pesquisas, saciando sua curiosidade acadêmica acerca dos impactos desse novo mundo nas relações trabalhistas. Não bastasse isso, nosso autor ainda vivencia, diuturnamente, o drama vivido pela precarização das relações de emprego, que se descortina nas ações trabalhistas propostas perante as Varas do Trabalho de nosso estado, dada sua condição de juiz do trabalho na primeira instância, aquela mais próxima do cidadão.

Outrossim, embora partícipe dessa realidade, o trabalho que vos apresento não cai na armadilha do pieguismo, tampouco pratica militância em prol do passado. Há que se mirar o inevitável futuro, pelo qual o trabalho humano jamais será utilizado como dantes, sem perder de vista as instituições do passado, posto que o trabalho continua a ser a fonte essencial da riqueza e da miséria da humanidade. De forma didática e desapaixonada, Assis Barbosa vai descortinando as principais inciativas transformadoras, a principiar com o novo desenho da terceirização, passando pelo trabalho intermitente e parcial, indo até o trabalho pelos aplicativos de telefonia celular, pontuando os sistemas protetivos nacionais e comparando-os à experiência dos países desenvolvidos, em especial na Europa, cujo sucesso e desventura dessas experiências chegam com maior velocidade.

Enfim, *Gig Economy e Contrato de Emprego* é um pouco de tudo isso: novidade *versus* tradição; proteção que se harmoniza com liberdade. Contribuição indispensável ao debate contemporâneo do futuro do direito do trabalho e da reestruturação necessária que advirá, sempre imbuída da eterna busca pela efetiva-

Prefácio

Recebi com imensa satisfação o convite para prefaciar a presente obra. Mas esse sentimento durou apenas alguns instantes... Seguiu-se a apreensão, pelo fato de tecer as impressões vestibulares acerca da obra do magistrado e professor Francisco de Assis Barbosa Junior. Quanta responsabilidade!

Minhas preocupações decorrem não apenas de falar acerca de um trabalho muito bem arrematado, fruto de vários anos de pesquisa na busca de substratos à tese de doutoramento do autor, dos quais, aqui, deitam apenas pequena amostra, pois o acervo construído será dado ao público em partes sequenciadas. A pesquisa desenvolvida pelo professor Assis Barbosa não encontrará ponto-final na defesa de seu doutoramento, perante uma banca europeia qualificada, porque é para toda a vida.

Explico.

O cerne do trabalho aqui desenvolvido é apresentar os elementos característicos daquilo que se entende por *GIG Economy*, termo multifacetário que embute significação disruptiva. Aliás, este aqui é termo por demais referenciado, a exemplo da "economia disruptiva", "atividade disruptiva", "disrupção econômica" e por aí vai. Tudo se relaciona ao desenvolvimento tecnológico que, na presente quadra do século XXI, apresenta-se de forma exponencial, *i.e.*, é intenso, rápido, revelador de novas perspectivas e imprevisível. A época é de rodopios na economia e o uso do trabalho humano foi tragado pela curva ascendente da introdução dos novos, maravilhosos e surpreendentes usos da internet das coisas, da inteligência artificial, da aprendizagem de máquina, da biotecnologia etc.

A denominada 4ª Revolução Industrial coloca o direito do trabalho numa encruzilhada darwinista: ou ele evolui; ou perecerá. E esta obra é essencial àquele que pretende enveredar no tema, que relaciona as crescentes transformações no mundo da produção de bens e serviços e a busca por uma adequação normativa que garanta ao trabalho humano o papel preponderante que antes ocupava. Por quase um século convivemos com um sistema de proteção do trabalho lastreado em duas categorias essenciais: tempo e espaço. Hoje, tudo mudou.

A *gig economy* traz consigo elementos inovadores e desafiadores, que podem ser utilizados como escudos para afastar a legislação trabalhista das relações nela firmadas, cabendo ao intérprete do direito o mister de analisá-las de forma cuidadosa, aprofundada e sem conceitos prévios intransponíveis, notadamente porque as especificidades das atividades as tornam novas, assim como nova deve ser a maneira de com elas tratar.

Capítulo I

O Novo Mercado e a Economia Colaborativa

A Primeira Revolução Industrial foi deflagrada na Inglaterra nos anos 1760, com as fábricas ensejando a mudança das atividades humanas, de manuais para as realizadas por meio de máquinas a vapor, eletricidade e combustão. Nela a economia foi fomentada pelo crescimento eficiente da produção de mercadorias, possibilitado pela maior quantidade e eficiência do novo maquinário[(1)].

A mudança nas relações de trabalho provocou um verdadeiro êxodo rural, com a ida dos camponeses para as cidades à busca de empregos, assim como a melhoria dos meios de comunicação, com o desenvolvimento de estradas comuns, estradas de ferro, canais navegáveis e navios a vapor, o que possibilitou o maior escoamento da produção[(2)].

Já a Segunda Revolução Industrial sedimentou-se a partir da metade do século XIX, tendo sido marcada pelo alargamento das vias férreas, pelo surgimento do automóvel e de novas atividades econômicas, como a siderurgia e as ligadas às novas fontes de energia, a exemplo do petróleo, da água e do urânio. Foi durante a mesma que surgiram novos e mais eficientes sistemas de comunicação a distância, como o telefone e o cinema[(3)].

A produção foi ampliada e inovada pelo sistema fordista (o qual racionalizou o processo produtivo, diminuindo custos e tornando acessíveis os bens produzidos)

(1) Cf. HOBSBAWN, Eric J. *Da revolução industrial inglesa ao Imperialismo*. 6. ed. Rio de Janeiro: Forense Universitária, 2011.

(2) Cf. BENEVOLO, Leonardo. *História da cidade*. 6. ed. São Paulo: Perspectiva, 2015.

(3) Cf. HOBSBAWN, Eric J. *Da revolução industrial inglesa ao Imperialismo*. 6. ed. Rio de Janeiro: Forense Universitária, 2011.

e pelo toyotista (que buscou uma maior produtividade do operário, havendo fracionamento dos setores das fábricas)[(4)].

A Terceira Revolução Industrial teve início após o final da Segunda Guerra Mundial, sendo impulsionada pela globalização e pelo avanço tecnológico, nela destacando-se o desenvolvimento das comunicações, o que facilitou a vida em sociedade, assim como uma maior relação entre os países e ampliação da concorrência entre as empresas[(5)].

Já o período pelo qual atravessamos é o da Quarta Revolução Industrial. Dentro dela, há uma combinação de tecnologias extremamente avançadas, as quais têm capacidade de aprimorar a indústria, aumentando sua produtividade, assim como de oferecer uma enorme economia de tempo, redução de custos, maior eficiência no uso de recursos e controle de qualidade[(6)].

Amorim diz ocorrer nessa nova indústria a fusão do mundo real com o virtual, tendo como resultado a criação dos chamados sistemas ciberfísicos e empregando a inteligência artificial[(7)].

Na quarta revolução da indústria, há a integração e o controle da produção pelo uso de sensores e equipamentos conectados em rede com pouca ou nenhuma intervenção humana, assim como diversos outros fatores, a exemplo de robôs, segurança cibernética, *the cloud* (informação na "nuvem"), integração horizontal e vertical de sistemas, impressão 3D[(8)], internet das coisas

(4) Cf. HOBSBAWN, Eric J. *Da revolução industrial inglesa ao Imperialismo*. 6. ed. Rio de Janeiro: Forense Universitária, 2011.

(5) Cf. HOBSBAWN, Eric J. *Da revolução industrial inglesa ao Imperialismo*. 6. ed. Rio de Janeiro: Forense Universitária, 2011.

(6) AMORIM, Jorge Eduardo Braz de. A "indústria 4.0" e a sustentabilidade do modelo de financiamento do regime geral da segurança social. *Cadernos de Dereito Actual*, n. 5, p. 244, 2017.

(7) AMORIM, Jorge Eduardo Braz de. A "indústria 4.0" e a sustentabilidade do modelo de financiamento do regime geral da segurança social. *Cadernos de Dereito Actual*, n. 5, p. 248, 2017.

(8) Manrich explica que "essas impressoras futurísticas têm começado a influenciar até mesmo a produção de alimentos dos seres humanos. A marca 3D *Printing* promete produzir alimentos saudáveis para as pessoas, sem prejuízo ao meio ambiente. Isso porque sua impressora pode ajudar a converter ingredientes alternativos, como proteínas das algas, folhas de beterrabas ou mesmo insetos em deliciosos produtos. Ela também abre portas à customização de alimentos e se ajustar a necessidades e preferências individuais. O *big data* pode ser compreendido como uma combinação da totalidade de dados (pessoais, comerciais, geográficos e comportamentais) disponibilizados em redes digitais. Esses dados se transformam em matéria-prima, na medida em que antecipam comportamentos. Não por outra razão o Facebook se tornou em uma das organizações mais influentes do mundo, integrando o rol das cinco maiores empresas do globo terrestre em valor de mercado, ao lado de Apple, Alphabet, Microsoft e Amazon. Conforme Christophe Degryse, as máquinas de aprendizado, alimentadas por esses dados, estão começando a desenvolver atividades até então inimagináveis: diagnóstico de doenças, condução de veículos, elaboração de artigos de imprensa, previsões epidêmicas, restauração da visão de pessoas parcialmente cegas, e muito mais" (MANRICH, Nelson. Futuro do direito do trabalho, no Brasil e no mundo. *Revista LTr*, São Paulo, p. 12-13, dez. 2017.

("IoT")[9], informação em tempo real, *big data*, entre diversas outras inovações[10].

Temos hoje o denominado trabalho 4.0[11], que enseja diariamente novidades em todos os campos da economia. Para melhor se entender o termo "trabalho 4.0", mister se faz uma pequena análise histórica com comparação das espécies de labor.

Moreira destaca ter tido início a evolução com o chamado trabalho 1.0 nas primeira e segunda revoluções industriais. Estava o mesmo então ligado ao nascimento da sociedade industrial, o qual ensejou mudanças no modo de produção e na organização do labor. Posteriormente, já no século XX, surgiu o trabalho 2.0, vinculado ao surgimento da produção em massa e a chegada do Estado Social. Por seu turno, o trabalho 3.0 emergiu na década de 1970 do século XX, possuindo ligação direta com a aceleração do processo de globalização e o nascimento do mourejo por computador e a informática. Com a eclosão da digitalização, do trabalho em plataformas, da economia colaborativa e do trabalho integrado, começou a era do trabalho 4.0, com características digitais, flexíveis e interconectadas[12].

Naturalmente, o trabalho 4.0 está vinculado a uma nova indústria, a "indústria 4.0", na qual a internet das coisas e o algoritmo da inteligência artificial do sistema (nascido do poder de direção do empreendedor) subordinam todos os fatores relevantes para a produção contemporânea[13].

---

(9) Manrich explica que "A "internet das coisas" (do inglês, Internet of Things — IoT) corresponde a uma das faces mais fantásticas da revolução tecnológica e atinge em cheio nosso cotidiano. Por meio desse sistema revolucionário, aumenta-se cada vez mais o número de aparelhos conectados à internet, que, por sua vez, comunicam-se entre si. Seu nascimento constitui o grande divisor e fomentador da nova Revolução Industrial, posto que permite promover um diálogo entre sistemas e equipamentos de forma autônoma, possibilitando, inclusive, a tomada de decisões sem interferência humana. Ou seja, por meio da chamada "internet das coisas", conectam-se dispositivos eletrônicos utilizados no dia a dia, como aparelhos eletrodomésticos e outros equipamentos eletroportáteis e mesmo máquinas industriais ou meios de transporte interligados à internet. Seu dinamismo vincula-se à inovação técnica dinâmica, em setores vitais como sensores *wireless*, inteligência artificial ou mesmo a nanotecnologia (MANRICH, Nelson. Futuro do direito do trabalho, no Brasil e no mundo. *Revista LTr*, São Paulo, p. 13, dez. 2017).

(10) MANRICH, Nelson. Futuro do direito do trabalho, no Brasil e no mundo. *Revista LTr*, São Paulo, p. 11, dez. 2017.

(11) O termo "trabalho 4.0" foi utilizado num programa lançado na Alemanha de forma conjunta pelo governo e a indústria, tendo havido adoção posterior do mesmo pela Comissão Europeia e noutras regiões. Cf. MOREIRA, Teresa Alexandra Coelho. Algumas notas sobre o trabalho 4.0. *Prontuário de Direito do Trabalho*, 2016 — II. Lisboa: Centro de Estudos Judiciários, 2016.

(12) MOREIRA, Teresa Alexandra Coelho. Algumas notas sobre o Trabalho 4.0. In: *Prontuário de Direito do Trabalho, 2016 — II*. Lisboa: Centro de Estudos Judiciários, 2016. p. 248-249.

(13) CHAVES JÚNIOR, José Eduardo de Resende. O direito do trabalho e as plataformas eletrônicas. In: ROCHA, Cláudio Jannotti da. *Constitucionalismo, trabalho, seguridade social e as reformas trabalhista e previdenciária*. São Paulo: LTr, 2017. p. 359.

As atividades econômicas foram historicamente classificadas em três setores, o primário, concernente à agricultura, à pecuária e às atividades extrativas, o secundário, referente à indústria, e o terciário, relativo ao comércio e aos serviços(14).

Não obstante, na forma descrita por Reale:

> Os computadores ou elaboradores eletrônicos, assim como os supercondutores, vieram subverter as coordenadas da experiência humana em geral, não apenas no que se refere às mutações operadas nos domínios do trabalho, cada vez mais intelectualizado ou tecnicizado com o advento dos processos cibernéticos, mas também no concernente aos meios vertiginosos de comunicação, impondo cada vez mais modelos de linguagem adequados à memória dos novos engenhos.(15)

Efetivamente, hoje presenciamos uma revolução digital.

Alves relaciona o fator flexibilidade, vinculado às relações de trabalho típicas, com as novas formas de trabalho, geradas por mudanças profundas no mercado laboral e na economia moderna. O setor quaternário de produção, fundado em novas técnicas centradas nas tecnologias de ponta, faz com que a cada dia o trabalho se desmaterialize e gere uma forma diferente de produção, que não se baseia mais num produto como resultado da atividade, mas, sim, num processo permanente o qual possibilita a produtividade em diferentes áreas(16).

Assim sendo, relaciona-se este último setor com as atividades da era pós-industrial, iniciada com a massificação da alta tecnologia.

As crises sociais e econômicas, somadas às mudanças do comportamento e das pretensões dos trabalhadores e aos avanços tecnológicos, acabaram por alterar também as tendências de consumo, ensejando rupturas no modo pelo qual as pessoas se comunicam, consomem e trabalham, fazendo nascer uma nova forma de realizar negócios, conhecida como economia colaborativa ou economia compartilhada. Esta economia colaborativa mostra-se como um fenômeno que, espalhado pelo mundo contemporâneo, consubstancia-se no compartilhamento de produtos e serviços, de forma dinâmica, por meio de plataformas digitais(17).

---

(14) Cf. FOURASTIÉ, Jean. *Na grande esperança do século XX*. Paris: Gallimard, 1963.

(15) REALE, Miguel. *Nova fase do direito moderno*. 2. ed. São Paulo: Saraiva, 1998. p. 113.

(16) ALVES, Rubens Valtecides. O teletrabalho como mote de flexibilização da relação empregatícia clássica no Brasil. In: MARTINS, Juliane Caravieri; BARBOSA, Magno Luiz; MONTAL, Zélia Maria Cardoso (orgs.). *Reforma trabalhista em debate:* direito individual, coletivo e processual do trabalho. São Paulo: LTr, 2017. p. 109-110.

(17) ANDRADE, Daniela Rafael de; DANTAS, Rodolfo Lima. Uber: a oportunidade dos sonhos ou o pesadelo do direito do trabalho. In: FARIA, Fernanda Nigri *et al.* (coord.). *Direito do trabalho e direito processual do trabalho:* estudos avançados. São Paulo: LTr, 2017. p. 80.

A denominada "colaborativa" é uma nova economia cuja produção é baseada nas chamadas externalidades da rede. Ela institui uma nova forma de produção, descentralizada, que pode ser colaborativa e escapar dos esquemas de mercados "*commons-based peer production*" ou, noutro sentido, significar uma maneira potencializada de controle e dominação econômica[(18)].

Na noção que foi apresentada pela Comissão Europeia em 2 de junho de 2016, por meio do Documento "Uma Agenda Europeia para a Economia Colaborativa", a economia compartilhada ou colaborativa refere-se a modelos empresariais no âmbito dos quais as atividades realizadas são facilitadas por plataformas colaborativas, que criam um mercado aberto para a utilização temporária tanto de bens como de serviços, os quais muitas vezes são prestados por particulares[(19)].

O documento cita três categorias de intervenientes na economia colaborativa[(20)], quais sejam:

a) os prestadores de serviços, os quais partilham os ativos, os recursos, a disponibilidade e/ou as competências — podendo ser particulares, que oferecem serviços numa base esporádica, ou prestadores de serviços, que atuam no exercício da sua atividade profissional;

b) os usuários desses serviços; e

c) os intermediários, os quais, por meio de uma plataforma em linha, conectam prestadores de serviços e utilizadores, facilitando, assim, as transações recíprocas ("plataformas colaborativas").

Gauthier defende ser o denominador comum nas novas empresas da chamada "economia compartilhada" ou "economia colaborativa" o uso inovador da internet e de plataformas virtuais baseadas em aplicativos para conectar compradores e vendedores de bens, trabalho e serviços. Para ele, esta economia desencadeou uma profunda crise existencial em como o trabalho é definido, pois ela e seus novos negócios estão revolucionando massivamente o contrato social, com o advento de novas formas de relacionamento e uso do trabalho humano, em que já não é possível ou, pelo menos, não é tão claro para encontrar o intercâmbio entre trabalhador e utilizador da mão de obra[(21)].

---

(18) CHAVES JÚNIOR, José Eduardo de Resende. Processo em meio reticular-eletrônico: constitucionalismo dialógico e democracia hiper-real, no contexto dos megadados. In: D'AMBROSO, Marcelo José Ferlin (coord.). *Direito do trabalho, direito penal do trabalho, direito processual do trabalho e a reforma trabalhista (Lei n. 13.467/2017)*: Ipeatra. São Paulo: LTr, 2017. p. 301.

(19) MOREIRA, Teresa Alexandra Coelho. Algumas notas sobre o trabalho 4.0. In: *Prontuário de Direito do Trabalho, 2016 — II*. Lisboa: Centro de Estudos Judiciários, 2016. p. 251.

(20) MOREIRA, Teresa Alexandra Coelho. Algumas notas sobre o trabalho 4.0. In: *Prontuário de Direito do Trabalho, 2016 — II*. Lisboa: Centro de Estudos Judiciários, 2016. p. 251.

(21) "El denominador común en las nuevas empresas de la denominada 'economía compartida' o 'economía colaborativa', es el uso innovador de internet y de plataformas virtuales basadas en

Andrade e Lima ressaltam o fato de funcionar dentro das empresas que operam plataforma digital a economia colaborativa como uma subseção. Elas muitas vezes buscam explorar bens pessoais subutilizados, como uma sala, um carro, uma cozinha, uma sala de reuniões, convertendo os proprietários em uma espécie de microempresários, aumentando assim a concorrência nos mercados e proporcionando aos usuários mais opções. Dessarte, em sociedades de economia colaborativa os indivíduos dividem seus bens pessoais com os potenciais consumidores por plataformas digitais. Para os autores, o elemento diferenciador da economia colaborativa com relação às outras duas formas de "economia sob demanda" é que o centro do negócio é o bem compartilhado, e a prestação do serviço e o sujeito proprietário do bem questões acessórias(22).

Por meio destas plataformas digitais, os consumidores têm a oportunidade de poupar, enquanto os fornecedores podem ganhar um dinheiro, em tese, extra, oferecendo seus bens e serviços subutilizados. Esse novo modelo econômico tem como pressuposto mudanças no perfil dos consumidores e dos trabalhadores. Quanto aos primeiros, cabe destacar não fazer questão o novo paradigma de ter a propriedade do bem, se satisfazendo com o acesso a ele, pois, neste novo modelo, o acesso é mais importante que a posse. Nesta linha, trata-se a nova economia de uma economia de acesso, na qual é possível se encontrar aplicativos oferecendo serviços de cozinheiro, manicure, cabeleireiro, médicos, hospedagem, motorista e até pessoas dispostas a passear com os cachorros de outras pessoas(23).

Gauthier indica as características as quais, para ele, são as mais destacadas do novo modelo da economia compartilhada. São elas:

> a) Uma despersonalização crescente do mercado *on-line*. Dentro deste novo mercado quase todos os vestígios de relações pessoais entre consumidores e fornecedores de bens e serviços são perdidos. Apesar do capitalismo já ter uma forte tendência para a acomodação impessoal de tudo o por ele "tocado", as tecnologias digitais no núcleo da economia compartilhada amplificam essas tendências atomísticas de uma manei-

---

aplicaciones para conectar a compradores y vendedores de bienes, de trabajo y de servicios, que está desatando una profunda crisis existencial en cómo se define el trabajo. La nueva economía o los nuevos negocios están revolucionando masivamente el contrato social, con el advenimiento de nuevas formas de relacionamiento y de utilización del trabajo humano, donde ya no es posible o al menos ya no es tan claro encontrar el intercambio antes mencionado." (GAUTHIER, Gustavo. Nuevas tecnologías, economía colaborativa y trabajo. In: TEODORO, Maria Cecília Máximo *et al.* (coord.). *Direito material e processual do trabalho*. São Paulo: LTr, 2017. p. 91-92.)

(22) ANDRADE, Daniela Rafael de; DANTAS, Rodolfo Lima. Uber: a oportunidade dos sonhos ou o pesadelo do direito do trabalho. In: FARIA, Fernanda Nigri *et al.* (coord.). *Direito do trabalho e direito processual do trabalho:* estudos avançados. São Paulo: LTr, 2017. p. 80-81.

(23) ANDRADE, Daniela Rafael de; DANTAS, Rodolfo Lima. Uber: a oportunidade dos sonhos ou o pesadelo do direito do trabalho. In: FARIA, Fernanda Nigri *et al.* (coord.). *Direito do trabalho e direito processual do trabalho:* estudos avançados. São Paulo: LTr, 2017. p. 82.

ra que não é apenas prejudicial, mas também desencadeia elementos perturbadores;

b) Uma nova dimensão da descentralização. As empresas já não contratam trabalhadores — com exceção do mais essencial —, sendo seu modelo de negócios destinado a colocar o solicitante do serviço em contato com o provedor do serviço, com os custos da transação quase zero em face do uso da tecnologia. A novidade é o fato do provedor de serviços não ser uma empresa — como foi até agora —, mas diretamente a pessoa individual. A descentralização, então, é levada ao seu extremo: à atomização do mercado, estando este recurso da economia compartilhada provando ser um fosso gigante, o qual também permite que mais empresas transformem seus empregados regulares em trabalhadores independentes ou contratados independentes pela redução de custos inerente a este proceder;

c) Uma nova maneira de remunerar o trabalho. Na economia em análise ocorre a eliminação da remuneração por tempo de trabalho, ou pelo tempo disponível, desaparecendo os chamados "tempos mortos". Nos chamados "concertos" ou "micro concertos", o valor do trabalho é reduzido apenas aos minutos exatos pelos quais durou o desempenho da tarefa ou serviço contratado. É um trabalho por atacado, onde não há salários anuais, pagamentos para preparação ou pesquisa, apenas havendo recompensa pelos momentos produtivos de forma precisa. Além de haver um desmantelamento de salários em micro pagamentos, há uma verdadeira licitação para diferentes empregos, uma corrida para o fundo, tendo criado muitas das plataformas baseadas na web o equivalente a leilões de trabalho onde as ofertas mais baixas ganham. Os "*freelancers*" e os contratados se entregam para ganhar um emprego e, como a internet é global, alguns desses *sites* colocam trabalhadores de países desenvolvidos em concorrência direta com trabalhadores de países em desenvolvimento;

d) Uma mercantilização do tempo de inatividade. Tal fato significa usar tempo livre ou de descanso — tendo em mente entrarem muitos dos novos contratados no mercado para obter renda extra de seus empregos regulares — para tornar alguns ativos rentáveis. Um quarto na casa, ou a própria casa, aluguel do carro, a estrada ao trabalho, a broca e outros bens pessoais, ficam disponíveis para plataformas virtuais por meio de micro ou nano acordos.[24]

(24) "a) Una despersonalización creciente del mercado en línea: en este nuevo mercado se pierden casi todos los vestigios de las relaciones personales entre los consumidores y proveedores de

Moreira menciona a geração de novas oportunidades pela economia colaborativa, de forma geral, podendo ser ela importante para a criação de empregos, de regimes de trabalho flexíveis e de novas fontes de rendimento. Contudo, para tanto, mister se faz seja devidamente incentivada e desenvolvida de forma responsável. Na UE, estima-se operarem as plataformas colaborativas em cinco setores-chave da economia colaborativa, gerando 3,6 bilhões de EUR de receitas só no ano de 2015: alojamento (arrendamento de curta duração); transporte de passageiros; serviços de proximidade; serviços profissionais e técnicos e financiamento colaborativo(25).

Não obstante, esta economia traz ameaças para os direitos fundamentais dos trabalhadores, quer os direitos fundamentais específicos — com o pagamento de baixos salários, notadamente para as tarefas que demandam menos qualifica-

---

bienes y servicios. Si bien como sostiene Steven Hill, el capitalismo ya tiene una fuerte tendencia a la mercantilización impersonal de todo lo que toca, las tecnologías digitales en el núcleo de la economía compartida, amplifican estas tendencias atomistas de una manera que no sólo es perjudicial, sino que desata también elementos perturbadores; b) Una nueva dimensión de la descentralización: las empresas ya no contratan trabajadores 'excepto los más imprescindibles', sino que su modelo de negocio consiste en poner en contacto el demandante del servicio con el proveedor de este y donde gracias a la tecnología los costos de transacción son casi nulos. Como ha señalado Todolí Signes, 'la novedad proviene en que el proveedor del servicio no sera' una empresa, como lo hubiera sido hasta ahora, sino que directamente sera 'la persona individual que prestara' el servicio. La descentralización, pues, se lleva a su extremo: a la automatización del mercado. Y este recurso de la economía compartida está resultando ser una laguna gigante que permite, además, que más empresas transformen a sus empleados regulares, en trabajadores independientes o contratistas independientes por la reducción de costos que ello representa; c) Una 'nueva' forma de remunerar el trabajo: desaparece la remuneración por tiempo de trabajo o por tiempo a disposición, se eliminan los denominados 'tiempos muertos'. En los denominados 'conciertos' o 'micro conciertos', el valor del trabajo se reduce sólo a aquellos exactos minutos que dura la prestación de la tarea o el servicio que se contrató. Se trata de un trabajo a destajo, donde no existen salarios anuales, pagos para la preparación o investigación, se retribuyen solo los momentos productivos exactos. Como refiere Mary Grey, se produce el 'desmantelamiento de los salarios en micro pagos'. Pero además, la puja por los distintos trabajos se convierte en una carrera a la baja, muchas de las plataformas basadas en la web han creado el equivalente a subastas de trabajo donde las ofertas más bajas ganan. '*Freelancers*' y contratistas pujan entre sí para ganarse un puesto y dado que internet es global, algunos de estos sitios web de intermediación laboral ponen a los trabajadores de los países desarrollados en competencia directa con trabajadores de países en desarrollo; d) Una mercantilización de los tiempos de inactividad: ello supone utilizar los tiempos libres o de descanso — tener en cuenta que muchos de los nuevos contratistas ingresan al mercado para obtener ingresos extras de sus empleos regulares — para, o bien rentabilizar algunos activos alquilar una habitación de la casa o la propia casa, alquilar el coche, el camino al trabajo, el taladro y otras posesiones personales, o bien ponerse a disposición de las plataformas virtuales a través de micro o nano conciertos". (GAUTHIER, Gustavo. Nuevas tecnologías, economía colaborativa y trabajo. In: TEODORO, Maria Cecília Máximo *et al.* (coord.). *Direito material e processual do trabalho*. São Paulo: LTr, 2017. p. 92.)

(25) MOREIRA, Teresa Alexandra Coelho. Algumas notas sobre o trabalho 4.0. In: *Prontuário de Direito do Trabalho, 2016 — II*. Lisboa: Centro de Estudos Judiciários, 2016. p. 254.

ção, pagos por peça ou tarefa, com a falta de respeito à duração dos tempos de trabalho, o não respeito pelos direitos coletivos ou o aumento dos riscos para a segurança e saúde dos trabalhadores, quer físicos, quer psicológicos —, quer para os direitos fundamentais inespecíficos, como a privacidade, pois ora enfrenta-se uma intensificação do controle eletrônico patronal, sendo invasivo para a privacidade, pois implementado por algoritmos, falando-se de um "trabalhador algoritmo" ou, em inglês, de um *algocracy*, podendo correr-se o risco até de uma coisificação da pessoa humana(26).

Isto posto, constata-se que Moreira e Gauthier tratam em alguns pontos a economia colaborativa como um grande espectro o qual engloba também a *gig economy*, analisando questões ligadas diretamente a esta última como se relacionadas à primeira, como a transformação de empregados regulares em trabalhadores independentes, remuneração indigna do labor, eliminação da remuneração por tempo de trabalho (ou pelo tempo disponível), uso para o labor do tempo de descanso, o não respeito pelos direitos coletivos e o aumento dos riscos para a segurança e saúde dos trabalhadores.

Contudo, compartilhamos entendimento diferente dos renomados autores.

A *gig economy* encontra na doutrina outras denominações, como "*Freelance Economy*", "1099 *Economy*" ou, ainda, "Economia sob demanda". Embora as plataformas de *gig economy* (termo mais utilizado pela literatura concernente e, por este motivo, ora adotado) como Uber, Postmates e Thumb-Tack tenham chamado a atenção recentemente, esta economia já movimenta $ 26 bilhões de dólares por ano só nos Estados Unidos, estimando-se que este fenômeno crescerá dramaticamente nos próximos anos(27).

O termo "*gig*" tem sua origem no Jazz, sendo utilizado para definir um determinado compromisso firmado com músicos para uma apresentação específica. Tal fato torna mais clara a essência desta "economia", a qual pode ser entendida como um mercado de trabalho que envolve, de um lado, trabalhadores com contrato de trabalho por tempo certo e (em princípio) sem vínculo empregatício, e, de outro, empresas, que os contratam para realização de tarefas específicas, não havendo

---

(26) MOREIRA, Teresa Alexandra Coelho. Algumas notas sobre o trabalho 4.0. In: *Prontuário de Direito do Trabalho, 2016 — II*. Lisboa: Centro de Estudos Judiciários, 2016. p. 254.

(27) "Although gig-economy platforms like Uber, Postmates, and Thumb-Tack have captured the attention of policymakers and practitioners, research has only begun to tackle a $26B phenomenon that is estimated to grow dramatically. In: the coming years." (GREENWOOD, Brad; BURTCH, Gordon; CARNAHAN, Seth. Unknowns of the gig-economy: seeking the seeking multidisciplinary research into the rapidly evolving gig-economy. *Communications of the ACM*, v. 60, Issue 7, p. 27-29, jul. 2017. Color Photograph. DOI: 10.1145/3097349, Base de dados: Business Source Premier.)

submissão às regras trabalhistas dos trabalhadores ditos comuns, a exemplo das relacionadas com o limite de horas de labor[(28)].

Nela o trabalho ocorre de forma temporária, precária, reduzindo-se intensamente a "porosidade" do labor, aproveitando suas sobras, o tempo "morto" do trabalhador, o qual normalmente seria desperdiçado ou destinado ao lazer, repouso ou mesmo para a sua qualificação[(29)].

Chaves Júnior menciona haver nesta economia *gig* três tendências claras, as quais ensejam transformações sociais, econômicas, científicas, políticas e culturais que impactam fortemente as relações de trabalho contemporâneo. São elas: a) a crise de valor inerente ao trabalho tradicional, como força de transformação direta ou linear da natureza material; b) os influxos da nova ciência das redes; c) a desconcentração produtiva, impulsionada pelas inovações disruptivas[(30)]:

> A primeira tendência é a viragem estratégica da produção material para a produção imaterial. O exponencial impulso da reprodutibilidade dos bens materiais, acelerado pelos meios telemáticos e informáticos, aumenta a oferta de maneira desproporcional à demanda, reduz custos e induz, por consequência, um decréscimo ascendente nos ganhos reais dos produtos materiais, se e quando considerados fora de seu valor de uso social e cultural.
>
> O segundo viés diz respeito à alta conectividade tecnológica e seus impactos sobre os vários campos do conhecimento humano, sobretudo na economia, na sociologia e na política, que acaba por transformar a relação entre as instâncias da produção e consumo, que se confundem e imbricam.
>
> A terceira tendência consiste na progressiva substituição das empresas de intermediação de mão de obra por plataformas virtuais, que conectam diretamente o tomador final com o prestador pessoal do serviço, que passa também a ser o detentor das ferramentas de trabalho mas não propriamente dos meios de produção.[(31)]

---

(28) BRAGHINI, Marcelo. *Reforma trabalhista:* flexibilização das normas sociais do trabalho. São Paulo: LTr, 2017. p. 60.

(29) CHAVES JÚNIOR, José Eduardo de Resende. O direito do trabalho pós-material: o trabalho da multidão produtora. In: LEME, Ana Carolina Reis Paes; RODRIGUES, Bruno Alves; CHAVES JÚNIOR, José Eduardo de Resende (orgs.). *Tecnologias disruptivas e a exploração do trabalho humano*. São Paulo: LTr, 2017. p. 101.

(30) CHAVES JÚNIOR, José Eduardo de Resende. O direito do trabalho pós-material: o trabalho da multidão produtora. In: LEME, Ana Carolina Reis Paes; RODRIGUES, Bruno Alves; CHAVES JÚNIOR, José Eduardo de Resende (orgs.). *Tecnologias disruptivas e a exploração do trabalho humano*. São Paulo: LTr, 2017. p. 101.

(31) CHAVES JÚNIOR, José Eduardo de Resende. O direito do trabalho pós-material: o trabalho da multidão produtora. In: LEME, Ana Carolina Reis Paes; RODRIGUES, Bruno Alves;

As plataformas da *gig economy* são definidas como plataformas digitais, baseadas em serviços e *on-demand* as quais permitem arranjos de trabalho flexíveis.

Esta economia, envolve duas principais formas de trabalho: o *crowdwork* e o trabalho *on-demand* por meio de aplicativos. Enquanto a primeira concerne à realização de tarefas a partir de plataformas *on-line*, a segunda trata da execução de trabalhos tradicionais (como transporte e limpeza) ou de escritório, demandados em aplicativos gerenciados por empresas(32).

Já na economia compartilhada ou colaborativa, há um conjunto de atividades ou negócios os quais procuram explorar bens subutilizados, como uma casa ou um carro, fornecendo aos proprietários de tais bens alguma renda e, ao mesmo tempo, proporcionando mais opções para os usuários. Nesses casos, o negócio gira fundamentalmente em torno do bem compartilhado e não tanto em relação à prestação do serviço pelo proprietário do imóvel, o que se torna mais um assunto acessório. São exemplos dessas empresas o Airbnb — plataforma utilizada para fornecer serviços de hospedagem temporária em quase qualquer lugar do mundo, onde os usuários oferecem suas casas para clientes em busca de acomodação — e as inúmeras plataformas existentes para o compartilhamento de veículos ou "compartilhamento de carro", as quais podem envolver o uso temporário de veículos ou aproveitar o destino ou da viagem do proprietário(33).

Nesta linha, como aventado, temos que, embora próximos, não se confundem a economia colaborativa com a *gig economy*. Na primeira, a pessoa compartilha algum bem ou serviço, enquanto, na segunda, ela vai colocar seu conhecimento

---

CHAVES JÚNIOR, José Eduardo de Resende (orgs.). *Tecnologias disruptivas e a exploração do trabalho humano*. São Paulo: LTr, 2017. p. 102.

(32) KALIL, Renan Bernardi. Direito do trabalho e economia de compartilhamento: primeiras considerações. In: LEME, Ana Carolina Reis Paes; RODRIGUES, Bruno Alves; CHAVES JÚNIOR, José Eduardo de Resende (orgs.). *Tecnologias disruptivas e a exploração do trabalho humano*. São Paulo: LTr, 2017. p. 147.

(33) "a) La economía compartida o colaborativa. En primer lugar, existe un conjunto de actividades o negocios donde se busca explotar bienes subutilizados como una casa o un departamento, una habitación, un auto, salas de reuniones, proporcionando a los propietarios de esos bienes algunos ingresos y proveyendo al mismo tiempo mayores opciones a los usuarios. En estos casos, el negocio gira fundamentalmente entorno al bien compartido y no tanto respecto de la prestación del servicio por parte del propietario del bien, que deviene más bien una cuestión accesoria. Como ejemplos de estas empresas pueden mencionarse Airbnb, plataforma proveedora de servicios de alojamiento temporal en casi todo el mundo donde los usuarios ofrecen sus casas para clientes en busca de alojamiento; las numerosas plataformas existentes para compartir los vehículos o '*carsharing*', que puede implicar el uso temporal de vehículos o aprovechando el destino o el trayecto del viaje del propietario o el préstamo de vehículos por y entre particulares; plataformas que permiten compartir plazas de estacionamiento particulares o incluso en la vía pública, etc." (GAUTHIER, Gustavo. Nuevas tecnologías, economía colaborativa y trabajo. In: TEODORO, Maria Cecília Máximo *et al.* (coord.). *Direito material e processual do trabalho*. São Paulo: LTr, 2017. p. 93-94.)

em prol de algum projeto, sendo demandada, no caso, alguma expertise sua. Nesta linha, o objetivo principal na economia colaborativa é tornar possível o acesso de terceiros a um serviço ou a um bem, enquanto na *gig economy* há o oferecimento da principal ocupação do trabalhador para empresas.

Por outro lado, normalmente as empresas da economia colaborativa fazem uso da internet para viabilizar ou facilitar contratos entre interessados e vendedores mediante o pagamento de uma taxa, enquanto na *gig economy* há uma relação contratual de trabalho (ao menos alegadamente sem vínculo empregatício) entre trabalhares e empresas para realização de serviços específicos e esporádicos.

Não obstante as diferenças, ambas "economias" fazem parte do novo mercado via meios telemáticos, o qual demanda especial atenção de todos ante sua força e crescimento aparentemente irrefreáveis, com potencial para mudar definitivamente a feição dos mercados de trabalho e de consumo globais.

Capítulo II

Gig Economy

Os instrumentos da *gig economy* possibilitam o contato direto entre pessoas e empresas localizadas em qualquer lugar do mundo sem (supostamente) formação de vínculo formal de emprego. No caso, basta o uso de plataformas *on-line* ou aplicações digitais para que ocorra esta relação, podendo a mesma abarcar uma enorme variedade de serviços, desde uma simples faxina até os prestados por profissionais de alta qualificação, como médicos e advogados[(34)]. Esta prestação de serviços pode ocorrer via duas espécies de plataformas, ligadas respectivamente aos *crowdworks* e ao *work-on-demand*.

De Stefano refere-se ao *crowdwork* como concernente a atividades ligadas a tarefas por meio de plataformas *on-line*, as quais põem em contato várias organizações e indivíduos com outras organizações e indivíduos via internet, possibilitando a aproximação entre consumidores e trabalhadores ao redor do globo. Nela existem a oferta e a demanda de produtos e serviços específicos para o atendimento de necessidades de clientes, os quais pagam pela execução das tarefas realizadas[(35)].

Na maioria das vezes, são realizadas pequenas tarefas com um enorme grau de fragmentação, as quais normalmente não demandam grande qualificação do

---

(34) ARAÚJO, Wanessa Mendes. Reflexões sobre a subordinação jurídica na era da economia sob demanda. In: LEME, Ana Carolina Reis Paes; RODRIGUES, Bruno Alves; CHAVES JÚNIOR, José Eduardo de Resende (orgs.). *Tecnologias disruptivas e a exploração do trabalho humano*. São Paulo: LTr, 2017. p. 179.

(35) DE STEFANO, Valerio. *The rise of the 'just-in-time workforce'*: on-demand work, crowdwork and labour protection in the gig-economy? jan. 2016. Disponível em: <http://www.ilo.org/wcmsp5/groups/public/---ed_protect/---protrav/----travail/documents/publication/wcms_443267.pdf>. Acesso em: 12 fev. 2016 *apud* KALIL, Renan Bernardi. Direito do trabalho e economia de compartilhamento: primeiras considerações. In: LEME, Ana Carolina Reis Paes; RODRIGUES, Bruno Alves; CHAVES JÚNIOR, José Eduardo de Resende (orgs.). *Tecnologias disruptivas e a exploração do trabalho humano*. São Paulo: LTr, 2017. p. 147.

trabalhador, sendo monótonas e repetitivas, porém, inexequíveis por computadores ou sistemas automatizados (realização de pesquisas, avaliação de elementos de texto, transcrição de áudios, etc.). Contudo, noutros casos, pode também envolver grandes tarefas (com menos automação e que exigem melhor capacidade de análise) e projetos complexos (como criação de logomarcas e o desenvolvimento de sítios eletrônicos)[(36)].

Como exemplo de plataforma de *crowdwork*, podemos citar o mais conhecido, a Amazon Mechanical Turk (Mturk). Esta empresa oferta a execução de tarefas envolvendo a "inteligência humana". Acessando a página da empresa na internet, o solicitante escolhe entre aproximadamente 3.000 tarefas oferecidas a que pretende ver executada. No caso, há diferenças significativas entre solicitantes e fornecedores. Os primeiros estabelecem as condições de contratação, podendo recusar os serviços prestados, além de avaliarem as tarefas feitas. Esta nota mostra-se de essencial importância, pois eventual futura contratação dos serviços do fornecedor por outro solicitante estará diretamente ligada à sua avaliação, podendo a Amazon, outrossim, encerrar a conta deste fornecedor unilateralmente sob influência da mesma[(37)].

Por seu turno, o denominado trabalho *on-demand* via *app* (por meio de aplicativos) concerne à execução de tarefas tidas como tradicionais, a exemplo de transporte e limpeza, além de tarefas administrativas e de escritório. O oferecimento dos serviços ocorre via aplicativos, os quais estabelecem e garantem um determinado padrão de qualidade, assim como seleciona e gerencia a mão de obra. Neste caso, a oferta e a demanda do prestador de serviços e do consumidor são identificadas pelo aplicativo, sendo o labor executado ante uma necessidade apresentada e seu pagamento realizado logo após a finalização do trabalho[(38)].

Gauthier prefere outra nomenclatura. Cita o autor *Crowdworking on-line*, onde as plataformas estão ligadas a empresas ou indivíduos os quais exigem a execução de um serviço que pode ser executado por meio da rede (Request), com

(36) DE STEFANO, Valerio. *The rise of the 'just-in-time workforce'*: on-demand work, crowdwork and labour protection in the 'gig-economy', jan. 2016. Disponível em: <http://www.ilo.org/wcmsp5/groups/public/---ed_protect/---protrav/----travail/documents/publication/wcms_443267.pdf>. Acesso em: 12 fev. 2016 *apud* KALIL, Renan Bernardi. Direito do trabalho e economia de compartilhamento: primeiras considerações. In: LEME, Ana Carolina Reis Paes; RODRIGUES, Bruno Alves; CHAVES JÚNIOR, José Eduardo de Resende (orgs.). *Tecnologias disruptivas e a exploração do trabalho humano*. São Paulo: LTr, 2017.

(37) KALIL, Renan Bernardi. Direito do trabalho e economia de compartilhamento: primeiras considerações. In: LEME, Ana Carolina Reis Paes; RODRIGUES, Bruno Alves; CHAVES JÚNIOR, José Eduardo de Resende (orgs.). *Tecnologias disruptivas e a exploração do trabalho humano*. São Paulo: LTr, 2017. p. 148.

(38) KALIL, Renan Bernardi. Direito do trabalho e economia de compartilhamento: primeiras considerações. In: LEME, Ana Carolina Reis Paes; RODRIGUES, Bruno Alves; CHAVES JÚNIOR, José Eduardo de Resende (orgs.). *Tecnologias disruptivas e a exploração do trabalho humano*. São Paulo: LTr, 2017. p. 148.

as pessoas dispostas a realizar tais serviços (oferta). Como exemplo, menciona o autor a elaboração de um plano ou a tradução de documentos, que se constituem em serviços os quais podem ser realizados inteiramente por meios telemáticos e não requerem, em princípio, uma atividade ou um deslocamento físico do provedor. Não obstante, também dentro desta classificação, podem ser incluídos os serviços que demandam algum tipo de deslocamento ou atividade física do provedor, porém, inevitavelmente, precisam de transmissão de dados ou imagens ao requerente para considerar o serviço cumprido. Seria o caso das atividades de fotografar ou medir certas propriedades, as quais necessitam do movimento físico da pessoa para o local que se deseja ver retratado ou medido, contudo, há uma edição e o resultado é transmitido via meios telemáticos[(39)].

O *Crowdworking on-line* pode compreender tanto o trabalho ofertado de forma global como serviços necessariamente ligados a uma execução local. Caso haja uma oferta global, o labor pode ser realizado por pessoas de todas as partes do mundo. Por conseguinte, o *Crowdworking on-line* é bastante semelhante ao "teletrabalho *offshore*", dele diferindo basicamente pela forma como os trabalhadores são recrutados, pois geralmente eles competem uns com os outros em leilões virtuais, nos quais normalmente aqueles que estão dispostos a realizar uma tarefa a um preço mais baixo ganham. Também esta espécie de trabalho em rede pode incluir tanto as plataformas que exigem serviços virtuais genéricos como serviços virtuais específicos. Naturalmente, nesta modalidade, surge a questão de saber se os trabalhadores realmente são independentes ou, ao invés disso, possuem algumas das características de trabalhadores dependentes ou subordinados[(40)].

---

(39) "*Crowdworking on-line* en esta modalidad las plataformas vinculan a las empresas o particulares que requieren la realización de un servicio que puede ser ejecutado a través de la red (demada), con personas que están dispuestas a ejecutar dichos los servicios (oferta). Por ejemplo, la confección de un plano o la traducción de documentos, constituyen servicios que pueden ser prestados enteramente mediante las TICs y que no requieren en principio una actividad o un desplazamiento físico de parte del prestador. Pero también dentro de esta clasificación podrían incluirse aquellos servicios que requirieran algún tipo de desplazamiento o actividad física del prestador, pero que luego indefectiblemente necesiten de la transmisión de datos o imágenes al solicitante para considerar cumplido el servicio. Por ejemplo la toma de fotografías o la mensura de determinados predios, requiere el desplazamiento físico de la persona hasta el lugar que se desea que se retrate o mensure, aunque el servicio no se agota en la toma de las fotografías o en las mediciones, sino cuando éstas se editan o se trasladan a un plano y luego son enviadas al solicitante." (GAUTHIER, Gustavo. Nuevas tecnologías, economía colaborativa y trabajo. In: TEODORO, Maria Cecília Máximo *et al.* (coord.). *Direito material e processual do trabalho*. São Paulo: LTr, 2017. p. 94.)

(40) "A su vez el *crowdworking on line*, puede comprender tanto servicios que pueden ofertarse de forma global, como servicios que requieren necesariamente de una ejecución local. En caso de que exista una oferta global, la prestación podrá ser acometida por personas de todas las partes del mundo. Así concebido, el *crowdworking* a través de la red se asemeja bastante al '*eletrabajo off-shore*', diferenciándose básicamente por la forma en que los trabajadores son reclutados: normalmente compiten entre sí en subastas virtuales, en las que normalmente triunfan aquellos que

O autor também cita o *Crowdworking off-line*. Nesse caso, as plataformas ligam empresas ou indivíduos os quais exigem a realização de um serviço que necessariamente precisa ser executado fisicamente em um local específico, por pessoas capazes de realizá-lo no lugar e horário determinados, percebendo a plataforma uma porcentagem por tarefa prestada. Dada a característica central de exigir a realização física de uma atividade, esta modalidade dificilmente está aberta a uma oferta global, pois necessariamente limitada a uma área específica. Aqui a oferta de serviços "na multidão" local abrange serviços genéricos, como a manutenção oferecida pela Taskrabbit nos Estados Unidos, ou plataformas de um determinado setor de atividade, como Uber ou Lift, ligados ao transporte de passageiros; Sandeman, para guias turísticos; FlyCleaners, relacionado à lavanderia pessoal; Myfixpert, ligado à reparação de dispositivos eletrônicos; Chefly, que oferece serviços de cozinha em casa; Helpilha, de limpeza da casa; Zopa, de empréstimos entre indivíduos; "*sharing academy*", que disponibiliza os serviços de tutores privados[41].

A empresa símbolo deste campo da economia *gig* (*on-demand* ou *Crowdwork off-line*) é a Uber, a qual atua no setor de transportes de passageiros. Martins resume o procedimento laboral desta empresa da seguinte forma:

> (i) compete-lhe escolher e selecionar os motoristas que podem aceder à aplicação informática, sem a qual não pode ser prestado o serviço; (ii) cabe-lhe obter e indicar os clientes disponíveis ao motorista, por meio de uma aplicação informática; (iii) o motorista deve fornecer os seus dados

---

están dispuestos a realizar un trabajo a menor precio. Finalmente el *crowdworking* a través de la red puede comprender tanto aquellas plataformas que requieren servicios virtuales genéricos, como servicios virtuales específicos. Naturalmente que en esta modalidad y sin perjuicio de que las plataformas se vinculan con los prestadores de servicios como contratistas o prestadores de servicios independientes o micro-emprendedores, se presenta la interrogante de si en realidad tienen tal calidad o más bien poseen algunas de las características de trabajadores dependientes o subordinados. (GAUTHIER, Gustavo. Nuevas tecnologías, economía colaborativa y trabajo. In: TEODORO, Maria Cecília Máximo *et al.* (coord.). *Direito material e processual do trabalho*. São Paulo: LTr, 2017. p. 94.)

(41) "*Corwdworking off-line*. En este caso las plataformas vinculan a las empresas o particulares que requieren la realización de un servicio que necesariamente tiene que ser ejecutado físicamente en un lugar determinado, con personas que están en condiciones de prestar dichos servicios en el lugar y tiempo requeridos, percibiendo la plataforma un porcentaje por cada prestación de servicios realizada. Dada la característica central de requerir la prestación física de una actividad, esta modalidad difícilmente se abra a una oferta global, pues necesariamente va a estar acotada a un ámbito local. La oferta de servicios en el *crowdworking* local puede comprender servicios genéricos, como los de mantenimiento que ofrece Taskrabbit en Estados Unidos o plataformas específicas de un sector de actividad como Uber o Lift, para el transporte de pasajeros; Sandeman, para guías turísticos; FlyCleaners, lavandería personal; Myfixpert, reparación de aparatos electrónicos; Chefly, cocinero a domicilio; Helpling, limpieza del hogar; Zopa, préstamos entre particulares o Sharing academy, profesores particulares." (GAUTHIER, Gustavo. Nuevas tecnologías, economía colaborativa y trabajo. In: TEODORO, Maria Cecília Máximo *et al.* (coord.). *Direito material e processual do trabalho*. São Paulo: LTr, 2017. p. 94-95.)

> e disponibilizar uma viatura que não pode ter mais de 10 anos, podendo a empresa controlar a qualidade do serviço por meio da avaliação dos clientes (uma avaliação inferior a 4,6 estrelas pode levar ao cancelamento do acesso à plataforma informática); (iv) o preço da viagem é fixado pela empresa, a qual paga aos motoristas um valor previamente determinado; (v) os motoristas não devem receber gorjetas; (vi) a empresa pode fornecer o *smartphone* necessário para aceder à aplicação, salvo se o motorista tiver algum equipamento compatível; e (vii) o motorista não tem qualquer função de gestão que possa afetar a rentabilidade do negócio.[(42)]

Assim, tem-se como principais características do sistema do Uber o monitoramento eletrônico, aumento de preço, programação de trabalho e fusão da análise em tempo real com a análise prévia e a avaliação dos motoristas. O monitoramento eletrônico molda o labor desses trabalhadores no uso de práticas de vigilância pelo empregador para controlá-los e na adoção de técnicas de resistência pelos mesmos para enfrentar esse sistema. A constante vigilância promovida pela empresa produz assimetrias de informações entre os motoristas e a Uber, o qual acessa e controla uma grande quantidade de informações das experiências dos trabalhadores[(43)].

No caso, há incentivo do aplicativo para os motoristas aceitarem todas as corridas e permanecerem o maior tempo possível trabalhando. A rejeição de viagens coloca em risco a continuidade do motorista no aplicativo, podendo a empresa suspendê-lo ou excluí-lo. Assim, verifica-se a absorção pelos motoristas dos riscos de todas as corridas realizadas[(44)].

Neste momento, mister se faz ressaltar as importantes diferenças entre o *crowdwork* (*on-line*) e o trabalho *on-demand* por meio de aplicativos seguindo a linha dos autores ora em análise[(45)]. A mais evidente concerne ao fato de o primeiro caso ocorrer totalmente *on-line*, fato que permite o contato entre a plataforma, os

---

(42) MARTINS, D. C., A. *Uber e o contrato de trabalho*, 2015. Disponível em: <www.oje.pt/a-uber-e-o-contrato-de-trabalho/>. Acesso em: 21 nov. 2015, *apud* KALIL, Renan Bernardi. Direito do trabalho e economia de compartilhamento: primeiras considerações. In: LEME, Ana Carolina Reis Paes; RODRIGUES, Bruno Alves; CHAVES JÚNIOR, José Eduardo de Resende (orgs.). *Tecnologias disruptivas e a exploração do trabalho humano*. São Paulo: LTr, 2017. p. 151.

(43) KALIL, Renan Bernardi. Direito do trabalho e economia de compartilhamento: primeiras considerações. In: LEME, Ana Carolina Reis Paes; RODRIGUES, Bruno Alves; CHAVES JÚNIOR, José Eduardo de Resende (orgs.). *Tecnologias disruptivas e a exploração do trabalho humano*. São Paulo: LTr, 2017. p. 249.

(44) KALIL, Renan Bernardi. Direito do trabalho e economia de compartilhamento: primeiras considerações. In: LEME, Ana Carolina Reis Paes; RODRIGUES, Bruno Alves; CHAVES JÚNIOR, José Eduardo de Resende (orgs.). *Tecnologias disruptivas e a exploração do trabalho humano*. São Paulo: LTr, 2017. p. 250.

(45) Os quais se distanciam um pouco de Gauthier, para quem há o *crowdwork on-line* e *off-line*, neste último estando incluído o Uber.

clientes e os trabalhadores em todo o mundo. Por seu turno, o segundo aproxima oferta e demanda para a execução do serviço no local[(46)].

Porém, no *crowdwork* (*on-line*) e no trabalho *on-demand* por meio de aplicativos há também características as quais ensejam sua análise conjunta, e a principal é o fato de ambos serem viabilizados pela tecnologia da informação e usarem a internet para aproximar oferta e demanda de trabalhos de forma rápida, verificando-se, em geral, uma redução de custos na transação e na redução das fricções de mercado[(47)]. Ademais, em ambos os casos, há a utilização da mão de obra de trabalhadores contratados sem que oficialmente se forme um vínculo de emprego.

Citando outros autores, Mannrich assinala que:

> *Crowdsourcing*, para Jef Howe, citado por Graciela Bensusán, equivale ao ato de tomar um trabalho, tradicionalmente desempenhado por um agente determinado (geralmente um trabalhador), e subcontratá-lo a um grupo indefinido e geralmente grande de pessoas, por meio de convocação aberta. Embora classificado como autônomo, o *crowdworker* reúne características de três modalidades atípicas de emprego: trabalho temporário, a tempo parcial ou por meio de agência. Com a economia *gig*, a oferta e a demanda de atividades laborais unem-se *on-line*, como lembra Juan Raso. É verdade que surgem, assim, novas oportunidades de trabalho, mas pode ser o caminho para uma severa precarização de suas condições.[(48)]

A quantidade de trabalhadores ativos nesta economia é expressiva, como demonstra Kalil[(49)]. Existem 8 milhões de trabalhadores vinculados ao Crowdsource, 6,6 milhões ao Care.com, 5 milhões ao Crowdflower, 700 mil ao Clickworker, 500 mil ao Amazon Mechanical Turk e 160 mil à Uber. Esta última empresa, só no Brasil, possui 60 mil motoristas que trabalham com o aplicativo.

(46) KALIL, Renan Bernardi. Direito do trabalho e economia de compartilhamento: primeiras considerações. In: LEME, Ana Carolina Reis Paes; RODRIGUES, Bruno Alves; CHAVES JÚNIOR, José Eduardo de Resende (orgs.). *Tecnologias disruptivas e a exploração do trabalho humano*. São Paulo: LTr, 2017. p. 149 e ss.

(47) KALIL, Renan Bernardi. Direito do trabalho e economia de compartilhamento: primeiras considerações. In: LEME, Ana Carolina Reis Paes; RODRIGUES, Bruno Alves; CHAVES JÚNIOR, José Eduardo de Resende (orgs.). *Tecnologias disruptivas e a exploração do trabalho humano*. São Paulo: LTr, 2017. p. 149 e ss.

(48) MANNRICH, Nelson. Futuro do direito do trabalho, no Brasil e no mundo. *Revista LTr*, São Paulo, p. 1293, nov. 2017.

(49) KALIL, Renan Bernardi. Direito do trabalho e economia de compartilhamento: primeiras considerações. In: LEME, Ana Carolina Reis Paes; RODRIGUES, Bruno Alves; CHAVES JÚNIOR, José Eduardo de Resende (orgs.). *Tecnologias disruptivas e a exploração do trabalho humano*. São Paulo: LTr, 2017. p. 147.

Dentro deste universo, constata-se que a implantação das novas tecnologias de informação e comunicação junto com a competitividade existente no atual mundo globalizado provocou o denominado por Abrantes de "crise do paradigma clássico do Direito do Trabalho". Há hodiernamente uma grande diversificação das espécies de contratos de trabalho, tendo surgido diversas modalidades dos mesmos até então inéditas, ou variações dos modelos já existentes, tudo para satisfazer as exigências de determinadas atividades econômicas, ensejando a redução de custos. Exemplifica o autor alguns desses novos contratos, como a termo, o de trabalho temporário, o a domicílio, o a tempo parcial, o ensejador da partilha do posto de trabalho, do emprego plural, do trabalho em grupo e o de teletrabalho[(50)].

Quanto a este último, Di Martino entende-o efetivamente ligado com as novas tendências organizacionais, pois as características do trabalho em rede, tais como a tecnologia, a agilidade, o conhecimento e a criatividade, acabam por preparar o caminho para a organização virtual, a qual ora se encontra em fluxo constante[(51)].

Como ressaltou Hernandez, a União Europeia instituiu uma política salarial comunitária em 1997, tendo procedido a uma análise das transformações ocorridas no mundo do trabalho e suas repercussões no Direito do Trabalho. A comissão, coordenada por Alain Supiot, acabou concluindo por estarmos ora vivenciando a promoção do trabalho autônomo em relação ao trabalho assalariado; ora a exteriorização ou terceirização do trabalho para empresas economicamente dependentes da contratante; e ora a reconstrução do critério de subordinação caracterizador do contrato de trabalho[(52)].

O trabalhador inserido neste contexto novo e revolucionário muitas vezes é tido como um obreiro autônomo mesmo sem poder efetivamente ser enquadrado como tal. Sua situação ganha contextos dramáticos quando é submetido a um vínculo de emprego com uma empresa não sediada no seu país natal, fato naturalmente ensejador de dificuldades de haver um real respeito aos seus direitos enquanto empregado.

Tendo por base a empresa símbolo da economia *gig* que utiliza o aplicativo de trabalho *on-demand*, a Uber, Gonçalves denomina a própria *gig economy* de *uberização*, chamando a atenção quanto à emergência da criação de um novo padrão de organização do trabalho, devendo o mesmo partir dos avanços da tecnologia

(50) ABRANTES, José João. O direito laboral face aos novos modelos de prestação do trabalho. In: MOREIRA, António (coord.). *IV Congresso Nacional de Direito do Trabalho*, Coimbra: Almedina, p. 84-86, 2002.

(51) DI MARTINO, Vittorio. *The high road to teleworking*, feb. 2001. Disponível em: <http://www.ilo.org/public/spanish/support/itcom>. Acesso em: 26 fev. 2017.

(52) HERNANDEZ, Márcia Regina Pozelli. *Novas perspectivas das relações de trabalho:* o teletrabalho. São Paulo: LTr, 2011. p. 21.

seguindo os traços da contemporaneidade que marcam a utilização das tecnologias disruptivas na relação capital-trabalho(53).

Gonçalves ressalta que:

> A partir do início do século XXI presenciamos o surgimento de um fenômeno novo, a uberização que, muito embora ainda se encontre em nichos específicos do mercado, tem potencial de se generalizar para todos os setores da atividade econômica. A empresa Uber empresta seu nome ao fenômeno por se tratar do arquétipo desse atual modelo firmado na tentativa de autonomização dos contratos de trabalho e na utilização de inovações disruptivas nas formas de produção. O disruptivo é a criação destruidora na acepção cunhada pelo economista austríaco Joseph Schumpeter. As tecnologias com potencial disruptivo abrem um campo extraordinário de acumulação de capital ao provocarem o naufrágio dos concorrentes que, a partir do estabelecimento de um novo padrão tecnológico provocam a obsolescência dos demais concorrentes. Tais tecnologias estabelecem outra formulação para a extração de valor do trabalho. Avanço tecnológico e otimização do processo de extração de valor são, portanto, duas de suas características importantes, conquanto não únicas.(54)

A evolução nas relações de trabalho trouxe mudanças repentinas nas expectativas e planos dos trabalhadores, como diz Mulcahy:

> A economia *gig* ainda está apenas começando a perturbar os trabalhadores. Há apenas uma geração, os trabalhadores esperavam ser empregados em tempo integral em empregos seguros e com jornada completa, trabalhando para apenas uma ou duas empresas ao longo de toda a carreira. A geração que se aposenta agora construiu uma base em torno das expectativas de possuírem uma renda estável e crescente, um pacote constante de benefícios corporativos e uma aposentadoria financiada corporativa quando da aposentadoria. Essa escalada predefinida da escada corporativa está muito menos disponível para os trabalhadores de hoje. A transformação deu-se de forma bem rápida. Em apenas uma geração,

---

(53) GONÇALVES, Márcio Toledo. Uberização: um estudo de caso — as tecnologias disruptivas como padrão de organização do trabalho no século XXI. *Revista LTr*, São Paulo, p. 319 e ss., mar. 2017.

(54) GONÇALVES, Márcio Toledo. Uberização: um estudo de caso — as tecnologias disruptivas como padrão de organização do trabalho no século XXI. *Revista LTr*, São Paulo, p. 72, mar. 2017.

> o trem corporativo cheio de empregos em tempo integral abundantes, progressivos, ricos em benefício e seguro deixou a estação.[55]

Gonçalves ressalta o fato de o Direito do Trabalho possuir um conteúdo de normas construtoras de uma mediação no mundo capitalista, tendo como objetivo a construção de uma regulação do mercado de trabalho de forma a preservar um patamar civilizatório mínimo mediante a aplicação de princípios, direitos fundamentais e estruturas normativas que visam manter a dignidade do trabalhador. Nesta linha, acerca da *gig economy*, mostra-se essencial perceber que, ao longo de todo esse processo de evolução tecnológica do capitalismo, sempre existiu um modo de extração de valor da força de trabalho. Portanto, trata-se de processo econômico igual aos demais, ou seja, que possui, em sua essência material, extração e apropriação do trabalho que produz mercadorias e serviços, atraindo, por conseguinte, a aplicação do conjunto normativo trabalhista, sob pena de, em não o fazendo, precipitar-se em retrocesso[56].

Doutrinadores como Gonçalves entendem persistirem, dentro da *gig economy*, os elementos típicos dos contratos de emprego comuns, como a subordinação, a pessoalidade, a não eventualidade e a onerosidade[57].

A *Cour de Cassation* da França (equivalente ao Tribunal Superior do Trabalho no Brasil), seguindo esta linha de pensamento, também vislumbrou a existência de elementos típicos de um pacto empregatício na *gig economy* e reconheceu haver vínculo de emprego entre um entregador de comida por meio de aplicativo e a empresa que o controla. Pelo Acórdão n. 1.737, de 28 de novembro de 2018, a *Cour de Cassation* decidiu que o vínculo de subordinação se caracteriza pela realização de trabalhos sob a autoridade de um empregador, que tem o poder

---

(55) "The gig economy is still in the early stages of disrupting how we work. Only one generation ago, must workers could expect to be full-time employees in secure full-time jobs, working for just one or two companies over the course or their careers. The generation retiring now built a live anchored around the expectations of a stable and rising income, a steady package of corporate benefits, and a corporate financed retirement at the end of work. That predefined climb up the corporate ladder is much less available to today's workers. That's how rapid the transformation has been in just one generation, the corporate gravy train full of plentiful, progressive, benefit-rich, and secure full-time jobs has left the station." (MULCAHY, Diane. *The gig economy:* the complete guide to getting better work, taking more time off, and financing the life you want. New York: Amacon, 2016.)

(56) GONÇALVES, Márcio Toledo. Uberização: um estudo de caso — as tecnologias disruptivas como padrão de organização do trabalho no século XXI. *Revista LTr*, São Paulo, p. 72 e ss., mar. 2017.

(57) GONÇALVES, Márcio Toledo. Uberização: um estudo de caso — as tecnologias disruptivas como padrão de organização do trabalho no século XXI. *Revista LTr*, São Paulo, p. 72 e ss., mar. 2017

de emitir ordens e diretrizes, de supervisionar sua execução e de punir os erros de seu subordinado[58].

O caso envolvia a empresa Take Eat Easy, a qual faz uso de uma plataforma web e de um aplicativo para reunir parceiros restaurantes e clientes, que solicitam produtos por meio da plataforma, sendo a entrega dos alimentos feita por um entregador. Para se chegar à decisão, o Tribunal levou em consideração o fato do aplicativo ter um sistema de geolocalização, o qual permitia o monitoramento em tempo real pela empresa da posição do entregador e a contabilização do número total de quilômetros percorridos. Por outro lado, a empresa tinha um poder de sanção quanto ao transportador dos alimentos[59].

Por estes fatos, o Tribunal entendeu presente a subordinação jurídica ensejadora de um contrato de emprego.

Linha de raciocínio semelhante foi encampada pelo Poder Judiciário inglês, o qual entendeu não serem os motoristas que prestam serviços para a Uber trabalhadores autônomos, devendo para eles ser pago o salário mínimo nacional[60].

Chaves descreve com detalhes o caso inglês[61]. Conta-nos ele que, no ano de 2015, dois motoristas ingleses instauraram ação trabalhista junto ao *Employment Tribunals*, em Londres. O caso foi tombado sob o n. 2202550/2015, Mr. Y. Aslam, Mr. J. Farrar *versus* Uber e foi presidido pelo Juiz do Trabalho, Anthony Snelson.

---

(58) JUSBRASIL. Disponível em: <https://fatimaburegio.jusbrasil.com.br/artigos/652938938/tribunal-da-franca-reconhece-vinculo-de-emprego-entre-entregador-de-comida-e-aplicativo>. Acesso em: 28 dez. 2018.

(59) JUSBRASIL. Disponível em: <https://fatimaburegio.jusbrasil.com.br/artigos/652938938/tribunal-da-franca-reconhece-vinculo-de-emprego-entre-entregador-de-comida-e-aplicativo>. Acesso em: 28 dez. 2018.

(60) Uber drivers are not self-employed and should be paid "the national living wage", a UK employment court has ruled in a landmark case which could affect tens of thousands of workers in the gig economy. The ride-hailing app could now be open to claims from all of its 40,000 drivers in the UK, who are currently not entitled to holiday pay, pensions or other workers rights. Uber immediately said it would appeal against the ruling. Uber ruling is a massive boost for a fairer jobs market Employment experts said other firms with large self-employed work- forces could now face scrutiny of their working practices and the UK's biggest union, Unite, announced it was setting up a new unit to pursue cases of bogus self-employment. *The Guardian*. Disponível em: <https://www.theguardian.com/technolo- gy/2016/oct/28/uber-uk-tribunal-self-employed-status>. Acesso em: 11 fev. 2017. (GONÇALVES, Márcio Toledo. Uberização: um estudo de caso — as tecnologias disruptivas como padrão de organização do trabalho no século XXI. *Revista LTr*, São Paulo, mar. 2017.)

(61) CHAVES, Letícia Righi Rodrigues de Xavier. Informe sobre ações envolvendo a UBER no direito comparado. In: LEME, Ana Carolina Reis Paes; RODRIGUES, Bruno Alves; CHAVES JÚNIOR, José Eduardo de Resende (orgs.). *Tecnologias disruptivas e a exploração do trabalho humano*. São Paulo: LTr, 2017. p. 331.

Em audiência, o Sr. Farrar explica ter sofrido uma "tremenda pressão" para trabalhar longas horas por dia. Disse também que, se porventura cancelasse uma viagem, haveria "repercussões" negativas. Acrescentou arrecadar em torno de £5 a hora em alguns meses — valor bem inferior ao mínimo de £7,20 devido aos empregados com menos de 25 anos de idade.

Em sua defesa, a Uber insistiu na tese de quererem milhares de ingleses ser o próprio chefe. Insistiu também no argumento de ser a Uber uma empresa tecnológica e não um negócio de transporte convencional.

Na sua decisão, prolatada em 28 de outubro de 2016, o Juiz Anthony Snelson classificou os motoristas como *workers*. Dito isto, mister se faz agora indicar a diferença entre *employer* e *worker* para a legislação Inglesa, como fez Chaves(62). O *Employment Rights Act* inglês distingue *workers* de *employees*. *Worker* seria uma categoria de empregado precarizado em relação ao empregado pleno (*employee*), não obstante sejam considerados também empregados e não autônomos. A legislação do Reino Unido define "*worker*" como aquele que tem direito ao salário mínimo (£6.50/ hora), 28 dias de férias, inclusão no plano de pensão, um sistema de trabalho seguro, além do direito de ser tratado como empregado, sem discriminações. Já o *employee* possui todos esses direitos, diferindo daquele por possuir também um contrato de trabalho por escrito, licença-maternidade, aviso-prévio e contribuição previdenciária.

O escopo dos termos *worker*, *employee* e outros depende da análise dos tribunais para serem classificados. O entendimento predominante segue no sentido do ter mais direitos o trabalhador na medida em que, de forma inversa, se encontrar em posição de hipossuficiência em relação ao tomador do serviço, pois tal fato diminui seu poder de barganha. Apesar da relação hierárquica, os tribunais ingleses enxergam os contratos de trabalho como "(...) uma relação mútua de confiança, que permite um melhor desenvolvimento da atividade econômica e, consequentemente, melhores condições de trabalho para *employers* e *workers*"(63).

Desta decisão, houve recurso da Uber sob as mesmas alegações de não ser a mesma uma empresa de transporte e da inexistência de qualquer tipo de vínculo trabalhista no particular em face da ampla liberdade dos motoristas. Também foi

(62) CHAVES, Letícia Righi Rodrigues de Xavier. Informe sobre ações envolvendo a UBER no direito comparado. In: LEME, Ana Carolina Reis Paes; RODRIGUES, Bruno Alves; CHAVES JÚNIOR, José Eduardo de Resende (orgs.). *Tecnologias disruptivas e a exploração do trabalho humano*. São Paulo: LTr, 2017. p. 331.

(63) CHAVES, Letícia Righi Rodrigues de Xavier. Informe sobre ações envolvendo a UBER no direito comparado. In: LEME, Ana Carolina Reis Paes; RODRIGUES, Bruno Alves; CHAVES JÚNIOR, José Eduardo de Resende (orgs.). *Tecnologias disruptivas e a exploração do trabalho humano*. São Paulo: LTr, 2017. p. 331.

alegado poder a decisão de primeiro grau privar esses condutores da "flexibilidade pessoal que eles valorizam"[(64)].

Não obstante, em novembro de 2017, esta decisão foi confirmada pela *Court of Appeal* de Londres, mantendo-se, por conseguinte, o enquadramento dos motoristas como *workers*, assim como concedendo-lhes os direitos laborais. Acerca desta decisão, comentou o Sindicato dos Trabalhadores Independentes da Grã-Bretanha (IWGB) que os motoristas ainda poderão desfrutar das liberdades do trabalho autônomo — como a flexibilidade na escolha dos turnos — mesmo com o *status* de trabalhador. Outrossim, afirmou ter a decisão mostrado que as empresas na *gig economy* optaram por "privar os trabalhadores de seus direitos"[(65)].

Por fim, houve a confirmação da decisão em análise no dia 19 de dezembro de 2018 pelo Tribunal de Apelação do Reino Unido, mantendo, em linhas gerais, o entendimento das Cortes inferiores[(66)].

Após a primeira decisão citada da primeira instância inglesa, o jornal *New York Times*, de 2 de abril de 2017, publicou um ensaio nomeado: *How Uber Uses Psychological Tricks to Push Its Drivers Buttons*, de autoria de Noam Scheiber[(67)]. Cita o autor refletirem as inovações da Uber de forma clara as mudanças nas maneiras pelas quais as empresas estão gerenciando trabalhadores em meio ao aumento da *gig economy*. A Uber deixa transparecer que seus motoristas são independentes, em vez de empregados tradicionais. Tal fato permite a minimização dos custos trabalhistas, porém, também traz o problema de não poder obrigar seus motoristas a aparecerem em um local e hora específicos. Para evitar os prejuízos decorrentes desta falta de controle, a empresa usa incentivos psicológicos e outras técnicas nascidas nas ciências sociais para influenciar quando, onde e por quanto tempo os motoristas devem trabalhar. Busca a Uber um sistema perfeito, onde há um equilíbrio entre a demanda do passageiro e o fornecimento do motorista ao menor custo para aquele e para ela própria, empregando centenas de cientistas sociais e de dados e experimentando técnicas de *videogames*, gráficos e recompensas, as quais podem fazer com que os motoristas trabalhem mais e mais, às vezes em horas e locais que são menos lucrativos para eles[(68)].

---

(64) THE GUARDIAN. Disponível em: <https://www.theguardian.com/technology/2017/nov/10/uber-loses-appeal-employment-rights-workers>. Acesso em: 8 maio 2018.

(65) THE GUARDIAN. Disponível em: <https://www.theguardian.com/technology/2017/nov/10/uber-loses-appeal-employment-rights-workers>. Acesso em: 8 maio 2018.

(66) PORTAL DE NOTÍCIAS G1. Disponível em: <https://g1.globo.com/economia/tecnologia/noticia/2018/12/19/justica-reafirma-vinculo-trabalhista-entre-uber-e-motoristas-no-reino-unido.ghtml>. Acesso em: 28 dez 2018.

(67) BRAGHINI, Marcelo. *Reforma trabalhista:* flexibilização das normas sociais do trabalho. São Paulo: LTr, 2017. p. 74.

(68) "Ubers innovations reflect the changing ways companies are managing workers amid the rise of the freelance-based 'gig economy'. Its drivers are officially independent business owners

Posteriormente, em 10 de abril de 2017, o jornal *The New York Times*, por meio de editorial[(69)], alertou sobre a existência de manipulação dos trabalhadores de empresas como Uber, Lyft, Instacart e Handy, os quais muitas vezes são induzidos a trabalhar longas horas por salários baixos, enquanto perseguem continuamente a próxima viagem ou tarefa. Ressalta o jornal que essas empresas descobriram a possibilidade de aproveitar os avanços dos *softwares* e das ciências de comportamento para exercerem uma exploração de trabalhadores antiquada, não possuindo os funcionários as proteções básicas da lei americana. Exemplifica suas palavras o editorial com a história de um motorista da Flórida que disse ganhar menos de $ 20.000,00 por ano quando descontadas as despesas com combustível e manutenção do veículo, assim como pelo fato de mais de um quinto dos motoristas da Uber filiados a um sindicato na cidade de Nova Iorque ganharem menos de $ 30.000,00 ao ano, descontadas as despesas citadas[(70)].

Merece destaque o fato dessa baixa remuneração ter ensejado uma regulamentação inédita da cidade de Nova Iorque. A Comissão de Táxis e Limousines (TCL, na sigla em inglês) decidiu que os serviços de transporte urbano sob demanda, como o Uber e o Lyft, deverão pagar salário mínimo para seus motoristas parceiros na cidade. A legislação determina que as empresas paguem aos motoristas um salário por viagem correspondente a US$ 27,86 por hora trabalhada, ou US$ 17,22 depois de pagas as despesas[(71)].

---

rather than traditional employees with set schedules. This allows Uber to minimize labor costs, but means it cannot compel drivers to show up at a specific place and time. And this lack of control can wreak havoc on a service whose goal is to seamlessly transport passengers whenever and wherever they want. Uber helps solve this fundamental problem by using psychological inducements and other techniques unearthed by social science to influence when, where and how long drivers work. It's a quest for a perfectly efficient system: a balance between rider demand and driver supply at the lowest cost to passengers and the company. Employing hundreds of social scientists and data scientists, Uber has experimented with video game techniques, graphics and noncash rewards of little value that can prod drivers into working longer and harder — and sometimes at hours and locations that are less lucrative for them."

(69) BRAGHINI, Marcelo. *Reforma trabalhista:* flexibilização das normas sociais do trabalho. São Paulo: LTr, 2017. p. 74-75.

(70) "In reality, there is no utopia at companies like Uber, Lyft, Instacart and Handy, whose workers are often manipulated into working long hours for low wages while continually chasing the next ride or task. These companies have discovered they can harness advances in software and behavioral sciences to old-fashioned worker exploitation, according to a growing body of evidence, because employees lack the basic protections of American law. A recent story in The Times by Noam Scheiber vividly described how Uber and other companies use tactics developed by the video game industry to keep drivers on the road when they would prefer to call it a day, raising company revenue while lowering drivers per-hour earnings. One Florida driver told The Times he earned less than $ 20,000 a year before expenses like gas and maintenance in New York City, an Uber drivers group affiliated with the machinists union said that more than one-fifth of its members earn less than $ 30,000 before expenses."

(71) CANALTECH. Disponível em: <https://canaltech.com.br/mercado/nova-york-aprova-lei-inedita-de-salario-minimo-para-motoristas-do-uber-e-lyft-128365/>. Acesso em: 29 dez. 2018.

No Brasil, há recentes exemplos da mutabilidade de entendimentos jurídicos acerca da natureza da atividade da Uber, notadamente se existe, ou não, relação de emprego. A novidade da temática é efetivamente maiúscula, resultando, inclusive, numa inegável insegurança jurídica. O juízo da 37ª Vara do Trabalho de Belo Horizonte/MG, ao julgar o Processo n. 0011863-62.2016.5.03.0137, concluiu pela inexistência de subordinação dos motoristas ao Uber, afastando a relação de emprego entre as partes. Por seu turno, o juízo da 33ª Vara do Trabalho da mesma cidade, em situação análoga, nos autos do Processo n. 0011359-34.2016.5.03.0112, reconheceu o vínculo jurídico-laboral. Já em São Paulo/SP, também houve o reconhecimento deste vínculo pelo juízo da 13ª Vara do Trabalho, no âmbito do Processo n. 1001492-33.2016.5.02.0013[(72)].

Leme destaca ser notório que a atividade do *UberPOOL* (quando um carro Uber transporta mais de um passageiro sem eles estarem necessariamente juntos, dividindo estes ao final o valor da viagem) não se aproxima à de uma carona, pois, para ser transporte colaborativo, em princípio, o motorista não teria a intenção de lucro, mas somente a de compartilhar os gastos da viagem[(73)].

A autora também menciona a inverdade da alegação de serem os motoristas da Uber condutores apenas no seu tempo ocioso, pois a empresa incentiva, de forma definitiva, a permanência do seu *Uber driver on-line*, e, além disso, utiliza a quantidade de horas *on-line* como métrica para a nota de avaliação do motorista, manipulando o algoritmo, fatores decisivos na tomada de decisão de expulsar um motorista[(74)].

A evolução rápida do mundo do trabalho citada trouxe mudanças repentinas nas expectativas e planos dos trabalhadores, como diz Mulcahy no trecho supratranscrito[(75)].

---

(72) AGUIAR, Antonio Carlos. *Direito do trabalho 2.0:* digital e disruptivo. São Paulo: LTr, 2018. p. 69. O autor, igualmente na p. 69, também cita que "Caberá, então, aos Tribunais Superiores o exercício de suas tarefas atinentes à uniformização de entendimentos, de modo a consolidar, minimamente, um posicionamento institucional acerca do tema, evitando-se as temidas decisões contraditórias e conflitantes. Não se sabe, todavia, quanto tempo demorará até que se trace um caminho minimamente concreto e que atribua certa segurança jurídica à matéria".

(73) LEME, Ana Carolina Reis Paes. UBER e o uso do *marketing* da economia colaborativa. In: LEME, Ana Carolina Reis Paes; RODRIGUES, Bruno Alves; CHAVES JÚNIOR, José Eduardo de Resende (orgs.). *Tecnologias disruptivas e a exploração do trabalho humano.* São Paulo: LTr, 2017.

(74) LEME, Ana Carolina Reis Paes. UBER e o uso do *marketing* da economia colaborativa. In: LEME, Ana Carolina Reis Paes; RODRIGUES, Bruno Alves; CHAVES JÚNIOR, José Eduardo de Resende (orgs.). *Tecnologias disruptivas e a exploração do trabalho humano.* São Paulo: LTr, 2017.

(75) "The gig economy is still in the early stages of disrupting how we work. Only one generation ago, must workers could expect to be full-time employees in secure full-time jobs, working for just one or two companies over the course or their careers. The generation retiring now

Mostra-se essencial para essas empresas iniciantes a diligência e a precaução, pois as armadilhas poderão surgir no seu caminho caso optem por um procedimento ilegal. Desta forma, eles podem contar com estratégias mais razoáveis do que simplesmente esperar pelas mudanças dos marcos regulatórios a seu favor. Este proceder também é salutar para auxiliar nas auditorias internas do trabalho e garantir a conformidade regulamentar, sendo visível a crescente preocupação das *startups* em ter um setor de Recursos Humanos efetivo[(88)].

Nesta linha, também para as empresas mais desenvolvidas pode ser igualmente importante a realização de auditorias para garantir que estejam cumprindo as diretrizes a fim de determinar a classificação adequada de um trabalhador. Deve-se gastar um valioso tempo, esforço e recursos da empresa no estabelecimento de políticas de RH em antecipação de possíveis mudanças legais. Embora pareça haver um aumento nos modelos de negócios aproveitando uma "economia *gig*", uma economia é definida pelas regras do mercado e os participantes do mercado devem a elas aderir e, agora, apesar desse aumento, o ambiente regulatório simplesmente ainda não mudou para acompanhar as mudanças[(89)].

Na forma também citada por Lowe, a Uber adotou um padrão do "crescer primeiro, ganhar dinheiro depois", típico do Vale do Silício do estado norte-americano da Califórnia; porém, tal proceder é contrário ao crescimento sustentável. Se as empresas priorizam a viabilidade a longo prazo e um nível de estabilidade (relativamente) confortável, elas devem se concentrar mais nas tendências das

---

economy'. In: LOWE, Matthew. *Cornell HR Review*, p. 1-5, mar. 2017. Base de dados: Business Source Complete.)

(88) "For now, it is in the best interest of startup companies (including those that have reached Series A funding) to do their due diligence and to be aware of what pitfalls lie ahead of them when they choose to pursue a certain path in this way, they can rely on more reasonable strategies than hoping that entire regulatory schemes will at some point shift in their favor. It would also help to have someone with a background in HR on the team to assist with internal labor audits to ensure regulatory compliance — increasingly, startups are beginning to realize the value in having effective HR for purposes such as this." (Uber's gambit: reassessing the regulatory realities of the **'gig economy'**. In: LOWE, Matthew. *Cornell HR Review*, p. 1-5, mar. 2017. Base de dados: Business Source Complete.)

(89) "For companies that are more developed, it can be equally worthwhile to have the current HR team (or teams) run an audit to ensure that the company is complying with the guidelines for determining the proper classification of a worker. Lastly, there is no rush to expend valuable time, effort, and company resources in establishing HR policies in anticipation of possible regulatory changes. If companies attempted to anticipate every possible regulatory change, they would quickly become inefficient and ineffective. While there seems to be a rise in business models taking advantage of a perceived 'gig economy', an economy is ultimately defined by the rules the market and the market's participants must adhere to and as of now, despite this upswing, the regulatory environment simply has not caught up yet to validate this perception." (Uber's gambit: reassessing the regulatory realities of the **'gig economy'**. In: LOWE, Matthew. *Cornell HR Review*, p. 1-5, mar. 2017. Base de dados: Business Source Complete.)

regulamentações e nas leis em si, em vez de se envolverem em novos modelos de negócios que não cumprem — ou levam em conta — suas circunstâncias legais atuais[90].

Nesta linha, tem-se notado uma tendência de serem regulados os contratos de trabalho inseridos na *gig economy* dentro de modelos tradicionais, como reconhecido na Inglaterra. Este proceder parece presente nas novas empresas envolvidas nesta economia, especialmente situadas nos Estados Unidos da América. Não obstante, o movimento ainda se mostra tênue, sendo necessária uma maior análise dos instrumentos contratuais trabalhistas hoje existentes e sua aplicabilidade nos trabalhadores da nova economia.

(90) "Uber has clearly adopted a "grow first, make money later" edict that is representative of Silicon Valley, but doing so is obviously counterintuitive to sustainable growth. If companies are prioritizing long-term viability and a (relatively) comfortable level of stability, then they should focus more on the trends of regulations and laws themselves rather than the hype surrounding new business models that do not comply with — or take into account — their present circumstances." (Uber's gambit: reassessing the regulatory realities of the **'gig economy'**. In: LOWE, Matthew. *Cornell HR Review*, p. 1-5, mar. 2017. Base de dados: Business Source Complete.)

Capítulo III

Contratos de Emprego Relacionados com a Gig Economy

Como destacado por Gauthier, a economia baseada na prestação de serviços por meio de plataformas virtuais compreende uma grande diversidade de atividades e negócios envolvendo o trabalho humano de maneira diferente. Estas novas formas representam desafios para o Direito do Trabalho, sendo necessário fazer algumas distinções, pois nem todas as variantes apresentadas pelo novo fenômeno justificariam uma proteção especial(91).

Não obstante, muitas outras justificam esta proteção, a qual lhes é negada, entre outros motivos, por uma falta de aproximação doutrinária e jurisprudencial dos elementos característicos do contrato de emprego clássico e os existentes na *gig economy*.

Efetivamente, tem-se na *gig economy* atividades de pessoas desenvolvidas via meios telemáticos. Assim, em princípio, poderiam ser elas enquadradas na categoria dos teletrabalhadores. Dito enquadramento refere-se à própria definição da essência do teletrabalho descrita na Convenção n.177 da OIT(92), no Acordo Marco

(91) La economía basada en la prestación de servicios a través de plataformas virtuales como propone denominarla Todolí Signés, comprende una diversidad muy grande de actividades y negocios que involucran de modo diferente el trabajo humano, por ello y a efectos de ingresar en los desafíos que estas nuevas formas representan para el Derecho del trabajo, es necesario efectuar algunas distinciones en tanto no todas las variantes que presenta el nuevo fenómeno justificarían una protección especial. (GAUTHIER, Gustavo. Nuevas tecnologías, economía colaborativa y trabajo. In: TEODORO, Maria Cecília Máximo *et al.* (coord.). *Direito material e processual do trabalho*. São Paulo: LTr, 2017. p. 93-94.)

(92) Article 1: For the purposes of this Convention: (a) the term *home work* means work carried out by a person, to be referred to as a homeworker, (i) in his or her home or in other premises of his or her choice, other than the workplace of the employer; (ii) for remuneration; (iii) which

Europeu sobre Teletrabalho(93), e mesmo nas legislações de países como Brasil(94) e Portugal(95); vale dizer, o que caracteriza um teletrabalhador é o fato de o mesmo fazer uso dos meios telemáticos para desenvolver seu mourejo. Este teletrabalhador goza de todos os direitos e proteção dos demais trabalhadores com vínculo de emprego reconhecido e inseridos na economia dita tradicional.

Não entanto, nas normas citadas, há menção expressa ou indireta à necessidade de haver subordinação do trabalhador à empresa contratante para se configurar a existência de uma relação de emprego, com o reconhecimento da condição de teletrabalhador do obreiro.

Este reconhecimento com relação à empresa Uber já ocorreu na Inglaterra e em alguns casos no Brasil, na forma mencionada no capítulo anterior, porém, ainda se mostra uma exceção, estando o trabalhador da *gig economy* enquadrado como autônomo na maioria dos casos e países, ficando, por conseguinte, alheio aos direitos trabalhistas e securitários dos empregados.

Não obstante, os elementos tipificadores de um contrato de emprego restaram mitigados e transmudados com relação ao teletrabalhador. A liberdade que este goza foge aos ditames do trabalho tradicional, especialmente em face de desenvolver o labor longe da fiscalização direta patronal e por novos meios (fato diferenciador do trabalho a domicílio tradicional), os quais permitem seja o mesmo realizado "em qualquer lugar", sem maiores barreiras decorrentes de fronteiras legais, naturais ou urbanas, notadamente porque pode o teletrabalhador mourejar praticamente em qualquer país, na cidade ou fora dos espaços urbanos.

As regras para se definir a existência de subordinação jurídica entre trabalhador e contratante foram traçadas para outra espécie de relação, vale dizer, tradicional e calcada no contato direto entre empresa e empregado. Nesta linha, elas demandam atualizações, com respeito à nova realidade do trabalho(96).

---

results in a product or service as specified by the employer, irrespective of who provides the equipment, materials or other inputs used, unless this person has the degree of autonomy and of economic independence necessary to be considered an independent worker under national laws, regulations or court decisions.

(93) "El teletrabajo es una forma de organización y/o de realización del trabajo, utilizando las tecnologías de la información en el marco de un contrato o de una relación de trabajo, en la cual un trabajo que podría ser realizado igualmente en los locales de la empresa se efectúa fuera de estos locales de forma regular."

(94) Art. 75-B da Consolidação das Leis do Trabalho. Considera-se teletrabalho a prestação de serviços preponderantemente fora das dependências do empregador, com a utilização de tecnologias de informação e de comunicação que, por sua natureza, não se constituam como trabalho externo.

(95) Art. 165º do Código do Trabalho de Portugal. Considera-se teletrabalho a prestação laboral realizada com subordinação jurídica, habitualmente fora da empresa e por meio do recurso a tecnologias de informação e de comunicação.

(96) O elemento "subordinação" parece ter, na realidade, aumentado na época da pós-modernidade líquida. Como dito por Castelo: "Os iniciais motivos inspiradores das tutelas de

Na forma reconhecida na Inglaterra e em alguns julgados no Brasil, por exemplo, há elementos de subordinação e gerenciamento do trabalho na *gig economy*, os quais poderiam ser considerados insuficientes para dar ensejo a um vínculo de emprego no trabalho tradicional, porém, não o são no teletrabalho, onde a subordinação deve ser vista sob uma nova ótica, a do gerenciamento remoto do labor via regras de cumprimento obrigatório, padrões comportamentais, metas, incentivos velados ao trabalho, remuneração por tarefa e punição, com o descredenciamento ou diminuição das tarefas atribuídas quando descumpridos os ditames empresariais.

Se fizermos uma análise da subordinação sob estes novos paradigmas, teremos que a figura do trabalhador na *gig economy* se aproxima mais da situação do teletrabalhador que a de um trabalhador autônomo, a quem é negada a proteção empregatícia. Destarte, o trabalhador *gig* é, na realidade, em muitos casos, um teletrabalhador empregado e deve nesta categoria ser enquadrado.

As propostas advindas do paradigma da pós-modernidade, atualmente, estão presas numa verdadeira armadilha liberal, a qual é imposta pelo pensamento único, pela lógica de que "não há alternativa" ("*there is no alternative*"), derivada da pós-modernidade líquida, do capitalismo líquido, assim como do direito do trabalho líquido(97).

Desta maneira, as propostas do modelo de pensamento unitário adotado pela pós-modernidade líquida e pelo direito do trabalho líquido não apresentam soluções verdadeiras, servindo, em verdade, como elementos de agravamento da crise de funcionalidade do sistema, aumentando a crise social.

Estas propostas, são, na realidade, subprodutos do modelo da pós-modernidade líquida e do capitalismo líquido proveniente do princípio da exclusividade do mercado. Nesta linha, "(...) *o direito do trabalho líquido e seus subprodutos são impostos não pela ótica de pensamento de emancipação social dos trabalhadores, mas sim, pelo modelo hiperliberal daqueles que detêm o poder econômico*"(98).

---

proteção à pessoa do empregado decorreram da consciência da característica de sua subordinação. Essa característica essencial — a subordinação e a vulnerabilidade jurídica, técnica e econômica, atualmente, se acentuou na pós-modernidade e no capitalismo líquido face à globalização empresarial e do mercado, impondo ao direito do trabalho a continuidade de sua tarefa e função política, jurídica e social de proteger totalmente o empregado, a partir do contrato de trabalho". (CASTELO, Jorge Pinheiro. *O direito do trabalho líquido:* o negociado sobre o legislado, a terceirização e o contrato de curto prazo na sociedade da modernidade líquida. São Paulo: LTr, 2017. p. 85.)

(97) CASTELO, Jorge Pinheiro. *O direito do trabalho líquido:* o negociado sobre o legislado, a terceirização e o contrato de curto prazo na sociedade da modernidade líquida. São Paulo: LTr, 2017. p. 79.

(98) CASTELO, Jorge Pinheiro. *O direito do trabalho líquido:* o negociado sobre o legislado, a terceirização e o contrato de curto prazo na sociedade da modernidade líquida. São Paulo: LTr, 2017. p. 79.

Este direito laboral líquido busca, na realidade, a desregulamentação do mercado de trabalho, a falta de amarras entre o trabalhador e a empresa e a desvinculação destes consubstanciada na ausência de compromisso duradouro entre eles, típica da sociedade líquida.

Como contraponto a esta lógica, as propostas de pensamento corretas para a sociedade e os trabalhadores, capazes de gerar emancipação social em face do mercado, necessitam ser antagônicas ao direito do trabalho líquido.

Constatadas as distorções pós-modernas do mercado em face do trabalhador precarizado, assim como as distorções prejudiciais produzidas por esse tipo de atividade, podem se apresentar algumas soluções antagônicas[(99)].

Nesta linha, Castelo propõe que:

> (...) a lei protecionista trabalhista, ao invés de ser retirada dos empregados formais — como ocorre na proposta do direito do trabalho líquido — ficando esses praticamente com os mesmos direitos que os informais, ou seja, sem direitos e sujeitos à negociação direta ou coletiva — já inadequada — com o empregador (na verdade, com o capital financeiro/acionistas/debenturista que controlam as empresas) —, deveria ser estendida para proteção de todos os trabalhadores terceirizados, temporários, precários, avulsos, intermitentes, parassubordinados que se encontrassem em situação de dependência e sujeição social.[(100)]

Nesta diretriz, em contraponto à lógica da liquidez do direito do trabalho, pode-se adotar uma solução oposta, trazendo, ao menos num primeiro momento, institutos aplicados aos trabalhadores tradicionais para a *gig economy*.

Dito isto, destaco que a relação de trabalho na *gig economy* não só se aproxima do teletrabalho, mas, outrossim, de outras espécies de contratos de emprego já sedimentadas na economia dita tradicional.

Como anteriormente aventado, Bersusán entende que a *Crowdsourcing* se consubstancia no ato de tomar um trabalho desempenhado por um agente determinado, normalmente trabalhador, e subcontratá-lo a um grupo indefinido e geralmente grande de pessoas. Estas pessoas seriam convocadas de forma aberta,

(99) CASTELO, Jorge Pinheiro. *O direito do trabalho líquido:* o negociado sobre o legislado, a terceirização e o contrato de curto prazo na sociedade da modernidade líquida. São Paulo: LTr, 2017. p. 79-80.

(100) CASTELO, Jorge Pinheiro. *O direito do trabalho líquido:* o negociado sobre o legislado, a terceirização e o contrato de curto prazo na sociedade da modernidade líquida. São Paulo: LTr, 2017. p. 80.

ampla, sem indicação individual[(101)]. Embora seja ele classificado como autônomo, o *crowdworker* reuniria características de três modalidades atípicas de emprego: trabalho temporário, a tempo parcial ou por meio de agência.

Por seu turno, Chaves Júnior constata ser uma tendência a progressiva substituição das empresas de intermediação de mão de obra por plataformas virtuais, as quais conectam o tomador final diretamente com o prestador pessoal do serviço, o qual passa também a ser o detentor das ferramentas de trabalho, mas não propriamente dos meios de produção[(102)].

Noutra linha, Braghini percebe uma aproximação entre o Contrato de Trabalho Intermitente e o desenvolvido na *gig economy*, especialmente porque não há uma regularidade na prestação de serviços, com pagamento direto por horas de trabalho executadas em períodos diferentes do ano, sem qualquer obrigação de continuidade na atividade laboral[(103)].

Como dito por Castelo, no capitalismo líquido e no direito do trabalho líquido, a incerteza consubstancia-se numa grande força hiperindividualizadora, dividindo ao invés de unir, transformando a ideia do interesse comum em algo sem qualquer relevância prática[(104)].

Na realidade, para Bauman, as novas formas de exploração do trabalho humano foram em grande escala favorecidas pela desregulação do trabalho e pelo desenvolvimento dos contratos de curto prazo, emprego temporário, intermitente, terceirizado, as quais são próprias do capitalismo líquido e do seu direito do trabalho líquido[(105)].

Em face desta alegada proximidade, mostra-se salutar compreender de quais contratos falam os autores, entendendo melhor a mão de obra terceirizada, trabalho a tempo parcial e o intermitente.

---

(101) BENSUSÁN, Graciela. Nuevas tendencias en empleo: retos y opciones para las regulaciones y políticas del mercado del trabajo. Santiago: CEPAL Comisión Económica para America Latina y el Caribe dez. 2016. *Apud* MANNRICH, Nelson. Futuro do direito do trabalho, no Brasil e no mundo. *Revista LTr*, São Paulo, p. 1287, nov. 2017.

(102) CHAVES JÚNIOR, José Eduardo de Resende. O direito do trabalho pós-material: o trabalho da multidão produtora. In: LEME, Ana Carolina Reis Paes; RODRIGUES, Bruno Alves; CHAVES JÚNIOR, José Eduardo de Resende (orgs.). *Tecnologias disruptivas e a exploração do trabalho humano*. São Paulo: LTr, 2017.

(103) BRAGHINI, Marcelo. *Reforma trabalhista:* flexibilização das normas sociais do trabalho. São Paulo: LTr, 2017.

(104) CASTELO, Jorge Pinheiro. *O direito do trabalho líquido:* o negociado sobre o legislado, a terceirização e o contrato de curto prazo na sociedade da modernidade líquida. São Paulo: LTr, 2017. p. 33.

(105) BAUMAN, Zygmunt. *Modernidade líquida*. Rio de Janeiro: Jorge Zahar, 2001. p. 186.

3.1. Terceirização de mão de obra

Para melhor falarmos desta forma de prestação de serviços, analisaremos sua previsão de forma comparada, estudando as legislações portuguesa e brasileira.

3.1.1. Portugal

O setor privado português, nos anos cinquenta do século XX, adotou o modelo terceirizado de labor como uma forma de facilitar o encontro de trabalho por aqueles que o buscavam em face do período de difíceis transições pelo qual o mundo percorria(106). De se destacar o fato de a legislação portuguesa preferir o termo "temporário" ao "terceirizado", mais utilizado na lei brasileira.

Barros ressalta o fato de, em território português, durante um período, o exercício do trabalho temporário foi proibido, pois não era permitida a livre circulação de trabalhadores. A atividade temporária apenas foi permitida em meados de 1961, após diversas negociações(107).

Segundo dados da APESP(108), em meados da década de 1970 do século XX, foi possível constatar o importante papel desenvolvido pelo trabalho temporário em Portugal, tendo contribuído de maneira decisiva para a integração e o emprego daqueles que estavam retornando ao mercado de trabalho português:

> No início da década de 1980, um dos problemas que mais preocupavam os empresários do setor de trabalho temporário era o fato de Portugal ser o único país europeu que não o havia regulamentado. Dessa forma, estes empresários estabeleceram discussões com os dirigentes governamentais da área do trabalho e da economia, em busca de estimular a inclusão deste no grupo de países que regulamentaram o emprego temporário. E também, tinham como objetivo inibir a proliferação de empresas oportunistas que vinham atuando como Empresas de Trabalho Temporário sem respeito aos empregados e aos procedimentos legais.(109)

(106) APESP. Associação Portuguesa das Empresas do Setor Privado de Emprego e de Recursos Humanos. Disponível em: <http://apesperh.pt/>. Acesso em: 14 out. 2017.

(107) BARROS, Sávyo. *Terceirização de mão de obra:* estudo comparado Brasil e Portugal. Orientação Barbosa Júnior, Francisco de Assis. Campina Grande: Biblioteca Unifacisa, 2017.

(108) APESP. Associação Portuguesa das Empresas do Setor Privado de Emprego e de Recursos Humanos. Disponível em: <http://apesperh.pt/>. Acesso em: 14 out. 2017.

(109) BARROS, Sávyo. *Terceirização de mão de obra:* estudo comparado Brasil e Portugal. Orientação Barbosa Júnior, Francisco de Assis. Campina Grande: Biblioteca Unifacisa, 2017. p. 11.

Segundo relatório da EUROCIETT(110), Portugal vem registrando um significativo crescimento nas formas atípicas de trabalho, fato ensejador de um acréscimo no número de contratos a prazo e da quantidade de trabalhadores que mourejam por conta própria ou por tempo parcial. Assim, em média, dois por cento da população ativa portuguesa consegue novas oportunidades de emprego por meio do trabalho temporário(111).

As organizações públicas e privadas são levadas a adaptar suas formas de gestão de pessoas, bem como as competências de seus colaboradores, conforme as novas necessidades da sociedade, tendo assim agido com relação ao trabalho temporário, notadamente ante o intenso aumento de empregos nesta área em razão da atual conjuntura socioeconômica do país, a qual provoca as mais diversas transformações nos meios sociais, inclusive no trabalho(112).

A Lei n. 19/2007, de 22 de maio, revogou o Decreto-Lei n. 358/1989, de 17 de outubro (o qual tinha sido alterado pelas Leis ns. 39/1996, de 31 de agosto, 146/1999, de 1º de setembro, e 99/2003, de 27 de agosto) e regulamentou o regime jurídico do trabalho temporário. Dispõe aquela sobre o licenciamento e o próprio exercício da atividade das empresas de trabalho temporário, assim como das relações triangulares nela existentes envolvendo trabalhadores temporários, empresas de trabalho temporário e empresas utilizadoras da mão de obra.

O mencionado dispositivo legal conceituou a empresa de trabalho temporário como pessoa singular ou coletiva cuja atividade consiste na cedência temporária a utilizadores da atividade de trabalhadores que admite e retribui(113).

Por seu turno, é trabalhador temporário a pessoa que celebra com uma empresa de trabalho temporário um determinado contrato de trabalho temporário ou um contrato de trabalho por tempo indeterminado para cedência temporária(114).

---

(110) EUROCIETT. *O papel do trabalho temporário e das transições no mercado laboral na Europa*. Disponível em: <http://www.weceurope.org/fileadmin/templates/eurociett/docs/Social_dialogue/Transitions_project/translations_executive_summary/PT_-_Executive_Summary.pdf>. Acesso em: 14 out. 2017.

(111) BARROS, Sávyo. *Terceirização de mão de obra:* estudo comparado Brasil e Portugal. Orientação Barbosa Júnior, Francisco de Assis. Campina Grande: Biblioteca Unifacisa, 2017. p. 11.

(112) BARROS, Sávyo. *Terceirização de mão de obra:* estudo comparado Brasil e Portugal. Orientação Barbosa Júnior, Francisco de Assis. Campina Grande: Biblioteca Unifacisa, 2017. p. 11.

(113) Art. 2º da Lei n. 19/2007: "Para efeito da presente lei, considera-se: letra *a:* 'Empresa de trabalho temporário' a pessoa singular ou colectiva cuja actividade consiste na cedência temporária a utilizadores da actividade de trabalhadores que, para esse efeito, admite e retribui". (PORTUGAL. Lei n. 19/2007. Disponível em: <https://dre.pt/pesquisa/-/search/520602/details/maximized>. Acesso em: 20 fev. 2018.)

(114) Art. 2º da Lei n. 19.2007: "Para efeito da presente lei, considera-se: letra *b:* 'Trabalhador temporário' a pessoa que celebra com uma empresa de trabalho temporário um contrato de trabalho temporário ou um contrato de trabalho por tempo indeterminado para cedência tem-

Já a empresa contratante, nomeada "utilizador", é definida como pessoa singular ou coletiva, com ou sem fins lucrativos, a qual utiliza, sob sua autoridade e direção, os serviços dos trabalhadores cedidos pela empresa de trabalho temporário[(115)].

Esta lei prevê a existência de três tipos de contrato de trabalho terceirizado: o temporário, o por tempo indeterminado para cedência temporária e o de utilização de trabalho temporário.

O contrato de trabalho temporário é o pacto firmado entre uma empresa de trabalho temporário e um trabalhador, por meio do qual se obriga o obreiro a prestar de forma temporária serviços para os utilizadores (contratantes da empresa fornecedora de mão de obra), mantendo o vínculo jurídico-laboral com a empresa de trabalho temporário e percebendo remuneração da mesma[(116)].

Já o contrato de trabalho por tempo indeterminado para cedência temporária consubstancia-se num pacto de tempo indeterminado também firmado entre uma empresa de trabalho temporário e um trabalhador, pelo qual o obreiro se obriga, mediante retribuição daquela empresa, a prestar temporariamente serviços a utilizadores, mantendo o vínculo jurídico-laboral com a empresa de trabalho temporário[(117)]. Constata-se no caso que a única diferença com relação ao pacto de labor temporário anteriormente analisado é a duração do vínculo, sendo o trabalhador contratado por prazo indeterminado no contrato ora em análise pela empresa fornecedora de mão de obra, e determinado naquele.

---

porária". (PORTUGAL. *Lei n. 19/2007*. Disponível em: <https://dre.pt/pesquisa/-/search/520602/details/maximized>. Acesso em: 20 fev. 2018.)

(115) Art. 2º da Lei n. 19.2007: "Para efeito da presente lei, considera-se: letra *c:* 'Utilizador' a pessoa singular ou colectiva, com ou sem fins lucrativos, que ocupa, sob a sua autoridade e direcção, trabalhadores cedidos por uma empresa de trabalho temporário". (PORTUGAL. Lei n. 19/2007. Disponível em: <https://dre.pt/pesquisa/-/search/520602/details/maximized>. Acesso em: 20 fev. 2018.)

(116) Art. 2º da Lei n. 19.2007: "Para efeito da presente lei, considera-se: letra *d:* 'Contrato de trabalho temporário' o contrato de trabalho a termo celebrado entre uma empresa de trabalho temporário e um trabalhador, pelo qual este se obriga, mediante retribuição daquela, a prestar temporariamente a sua actividade a utilizadores, mantendo o vínculo jurídico-laboral à empresa de trabalho temporário". (PORTUGAL. *Lei n. 19/2007*. Disponível em: < https://dre.pt/pesquisa/-/search/520602/details/maximized>. Acesso em: 20 fev. 2018.)

(117) Art. 2º da Lei n. 19.2007: "Para efeito da presente lei, considera-se: letra *e:* 'Contrato de trabalho por tempo indeterminado para cedência temporária' o contrato de trabalho por tempo indeterminado celebrado entre uma empresa de trabalho temporário e um trabalhador, pelo qual este se obriga, mediante retribuição daquela, a prestar temporariamente a sua actividade a utilizadores, mantendo o vínculo jurídico-laboral à empresa de trabalho temporário". (PORTUGAL. Lei n. 19/2007. Disponível em: <https://dre.pt/pesquisa/-/search/520602/details/maximized>. Acesso em: 20 fev. 2018.)

Por fim, previu a Lei n. 19/2007 a figura do contrato de utilização de trabalho temporário. Este contrato é de prestação de serviços a termo resolutivo, firmado diretamente entre o utilizador e uma empresa de trabalho temporário, por meio do qual esta se obriga, mediante retribuição, a ceder um ou mais trabalhadores temporários(118). A diferença com relação aos demais reside no termo final resolutivo, o qual, quando ocorrido, enseja o fim do pacto entre as empresas.

Isto posto, temos por corretas as palavras de Amado, que afirma ser efetivamente o contrato de trabalho temporário atípico, pois, com ou sem prazo, a relação laboral tradicional estabelece-se entre dois sujeitos bem definidos: trabalhador e empregador, aquele prestando a atividade para este e sendo pelo mesmo retribuído. Já na relação de trabalho temporário, as coisas ocorrem de forma distinta, pois nela há vinculação protagonizada por três sujeitos. Em lugar da dupla "empregado-empregador", há uma relação mais complexa entre o obreiro temporário, a empresa de trabalho temporário e o utilizador, dano ensejo, portanto, "(...) a um modelo tripartido de vínculo laboral que, enquanto tal, foge ao paradigma clássico da relação de trabalho"(119).

As definições e espécies de contratos supramencionadas não foram modificados em sua essência pelo Código do Trabalho de Portugal ora em vigor, o qual dispõe em seu art. 172º que se considera:

> a) Contrato de trabalho temporário o contrato de trabalho a termo celebrado entre uma empresa de trabalho temporário e um trabalhador, pelo qual este se obriga, mediante retribuição daquela, a prestar a sua atividade a utilizadores, mantendo-se vinculado à empresa de trabalho temporário;
>
> b) Contrato de trabalho por tempo indeterminado para cedência temporária o contrato de trabalho por tempo indeterminado celebrado entre uma empresa de trabalho temporário e um trabalhador, pelo qual este se obriga, mediante retribuição daquela, a prestar temporariamente a sua atividade a utilizadores, mantendo-se vinculado à empresa de trabalho temporário;
>
> c) Contrato de utilização de trabalho temporário o contrato de prestação de serviço a termo resolutivo entre um utilizador e uma empresa de

(118) Art. 2º da Lei n. 19/2007: "Para efeito da presente lei, considera-se: letra *f*: 'Contrato de utilização de trabalho temporário' o contrato de prestação de serviço a termo resolutivo celebrado entre um utilizador e uma empresa de trabalho temporário, pelo qual esta se obriga, mediante retribuição, a ceder um ou mais trabalhadores temporários". (PORTUGAL. *Lei n. 19/2007*. Disponível em: <https://dre.pt/pesquisa/-/search/520602/details/maximized>. Acesso em: 20 fev. 2018.)

(119) AMADO, João Leal. *Contrato de trabalho:* noções básicas. Coimbra: Coimbra, 2015. p. 97-98.

> trabalho temporário, pelo qual esta se obriga, mediante retribuição, a ceder àquele um ou mais trabalhadores temporários.(120)

Apesar da incorporação do trabalho temporário pelo CT2009, esta não foi plena, pois não abrangeu as matérias relacionadas com a empresa de trabalho temporário e com o exercício da respectiva atividade, cujo regime ainda se manteve inicialmente na citada Lei n. 19/2007, posteriormente revogada definitivamente pelo Decreto-Lei n. 260/2009, de 25 de setembro(121).

Na forma indicada por Dray, no que concerne ao trabalho temporário, o CT2009 efetivamente não trouxe mudanças significativas. Esta espécie de labor continua assentando-se numa relação triangular. Aqui, ao contrário do que ocorre no regime comum, descortinam-se dois negócios jurídicos bilaterais e três sujeitos. Por um lado, duas empresas, as quais partilham entre si os poderes típicos do empregador e, por outro, um trabalhador único, contratado por uma empresa de trabalho temporário para ser cedido temporária e onerosamente a um terceiro beneficiário(122).

Nesta linha, caracteriza-se esta espécie de mourejo por dois aspectos:

> a) a dissociação entre o empregador e a pessoa individual ou coletiva beneficiária efetivamente da atividade do obreiro temporário;
>
> b) a existência de duas relações jurídicas distintas, uma concernente à relação de trabalho entre a empresa contratante e o trabalhador, e outra, de direito comum (contrato de prestação de serviços), entre aquela empresa e o utilizador(123).

Na forma dita por Amado, em certo sentido, o obreiro temporário arrisca-se a servir "dois amos", a empresa que o contrata (mas não o emprega) e a empresa que o emprega (mas não o contrata)(124).

É a empresa de trabalho temporário que contrata, remunera, cumpre as obrigações da segurança social, subscreve o seguro contra sinistros de labor e exerce

---

(120) PORTUGAL. *Código do Trabalho*. Disponível em: <http://cite.gov.pt/asstscite/downloads/legislacao/CT25092017.pdf#page=69>. Acesso em: 13 dez. 2017.

(121) MARTINEZ, Pedro Romano; MONTEIRO, Luís Miguel; VASCONCELOS, Joana; BRITO, Pedro Madeira de; DRAY, Guilherme; SILVA, Luís Gonçalves da. *Código do trabalho anotado*. 11. ed. Coimbra: Almedina, 2017. p. 464.

(122) MARTINEZ, Pedro Romano; MONTEIRO, Luís Miguel; VASCONCELOS, Joana; BRITO, Pedro Madeira de; DRAY, Guilherme; SILVA, Luís Gonçalves da. *Código do trabalho anotado*. 11. ed. Coimbra: Almedina, 2017. p. 465.

(123) MARTINEZ, Pedro Romano; MONTEIRO, Luís Miguel; VASCONCELOS, Joana; BRITO, Pedro Madeira de; DRAY, Guilherme; SILVA, Luís Gonçalves da. *Código do trabalho anotado*. 11. ed. Coimbra: Almedina, 2017. p. 465-466.

(124) AMADO, João Leal. *Contrato de trabalho:* noções básicas. Coimbra: Coimbra, 2015. p. 98.

(potencialmente) o poder disciplinar sobre o obreiro temporário que o cede onerosamente ao utilizador. Este último, por seu turno, por delegação daquela empresa e por força de lei, exerce sobre o trabalhador os poderes de direção próprios do empregador, notadamente os poderes determinativo e conformativo da prestação, ficando o obreiro temporário sujeito às suas ordens quanto ao modo, lugar, duração, suspensão da prestação de trabalho, higiene, segurança e medicina no trabalho e acesso aos equipamentos sociais(125).

Também o código trabalhista português prevê a responsabilização da empresa utilizadora subsidiariamente quando da inadimplência da fornecedora de mão de obra, assim como a responsabilização solidária, a qual ocorre quando o pacto for firmado com empresa de trabalho temporário não devidamente licenciada(126).

Assim sendo, da mesma forma anteriormente prevista no art. 17º da Lei do Trabalho Temporário, a pactuação de contrato de utilização de labor temporário por empresa não licenciada responsabiliza solidariamente esta e o utilizador pelos créditos do obreiro nascidos do contrato de trabalho, sua violação ou cessação, relativos aos últimos três anos, bem como pelos encargos sociais correspondentes.

No seu art. 175º, o Código do Trabalho de Portugal dispõe sobre as hipóteses onde há admissão de contratação temporária. Além das previstas para o contrato a termo comum(127), o dispositivo em tela apenas permite a pactuação nos seguintes casos:

---

(125) MARTINEZ, Pedro Romano; MONTEIRO, Luís Miguel; VASCONCELOS, Joana; BRITO, Pedro Madeira de; DRAY, Guilherme; SILVA, Luís Gonçalves da. *Código do trabalho anotado*. 11. ed. Coimbra: Almedina, 2017. p. 466.

(126) Art. 174º: "1 — A celebração de contrato de utilização de trabalho temporário por empresa de trabalho temporário não licenciada responsabiliza solidariamente esta e o utilizador pelos créditos do trabalhador emergentes do contrato de trabalho, da sua violação ou cessação, relativos aos últimos três anos, bem como pelos encargos sociais correspondentes. 2 — A empresa de trabalho temporário e o utilizador de trabalho temporário, bem como os respectivos gerentes, administradores ou diretores, assim como as sociedades que com a empresa de trabalho temporário ou com o utilizador se encontrem em relação de participações recíprocas, de domínio ou de grupo, são subsidiariamente responsáveis pelos créditos do trabalhador e pelos encargos sociais correspondentes, assim como pelo pagamento das respectivas coimas". (PORTUGAL. *Código do Trabalho*. Disponível em: <http://cite.gov.pt/pt/legis/CodTrab_indice.html>. Acesso em: 20 fev. 2018.)

(127) Art. 140º: "a) Substituição direta ou indireta de trabalhador ausente ou que, por qualquer motivo, se encontre temporariamente impedido de trabalhar; b) Substituição direta ou indireta de trabalhador em relação ao qual esteja pendente em juízo ação de apreciação da licitude de despedimento; c) Substituição direta ou indireta de trabalhador em situação de licença sem retribuição; d) Substituição de trabalhador a tempo completo que passe a prestar trabalho a tempo parcial por período determinado; e) Atividade sazonal ou outra cujo ciclo anual de produção apresente irregularidades decorrentes da natureza estrutural do respetivo mercado, incluindo o abastecimento de matéria-prima; f) Acréscimo excecional de atividade da empresa; g) Execução de tarefa ocasional ou serviço determinado precisamente definido e não duradouro; h) Execução de obra, projeto ou outra atividade definida e temporária, incluindo a execução, direção ou fiscalização de trabalhos de construção civil, obras públicas, montagens

a) vacância de posto de trabalho quando decorra processo de recrutamento para o seu preenchimento;

b) necessidade intermitente de mão de obra, determinada por flutuação da atividade durante dias ou partes de dia, desde que a utilização não ultrapasse semanalmente metade do período normal de trabalho majoritariamente praticado no utilizador;

c) necessidade intermitente de prestação de apoio familiar direto, de natureza social, durante dias ou partes de dia;

d) realização de projeto temporário, designadamente instalação ou reestruturação de empresa ou estabelecimento, montagem ou reparação industrial.[(128)]

Desta feita, a lei tipifica os motivos que podem ensejar a celebração do Contrato de Utilização de Trabalho Temporário, enunciando-os de forma taxativa e fazendo-os aproximar, essencialmente, dos motivos justificativos da contratação a termo. Estas semelhanças são efetivamente significativas, pois tratam ambos os casos de modalidade de trabalho subordinado "atípica" (se confrontadas com o paradigma do contrato de trabalho por tempo indeterminado), as quais se movem dentro de regimes jurídicos restritos. Por outro lado, a contratação a termo ou temporária apenas é admitida a título excepcional, seguindo motivações objetivas taxativamente contempladas na lei e, ainda assim, desde que respeitados determinados requisitos de forma e limites de tempo, buscando-se preservar o princípio constitucional da estabilidade do emprego[(129)].

De se destacar não haver a possibilidade de prorrogação do contrato para além do prazo necessário para satisfação da necessidade do utilizador, ou mesmo de pactuação nalguns casos onde havia empregado contratado anteriormente para a mesma função[(130)].

---

e reparações industriais, em regime de empreitada ou em administração direta, bem como os respectivos projetos ou outra atividade complementar de controlo e acompanhamento". (PORTUGAL. *Código do Trabalho*. Disponível em: <http://cite.gov.pt/pt/legis/CodTrab_indice.html>. Acesso em: 20 fev. 2018.)

(128) PORTUGAL. *Código do Trabalho*. Disponível em: <http://cite.gov.pt/asstscite/downloads/legislacao/CT25092017.pdf#page=69>. Acesso em: 13 dez. 2017.

(129) MARTINEZ, Pedro Romano; MONTEIRO, Luís Miguel; VASCONCELOS, Joana; BRITO, Pedro Madeira de; DRAY, Guilherme; SILVA, Luís Gonçalves da. *Código do trabalho anotado*. 11. ed. Coimbra: Almedina, 2017. p. 473-474.

(130) Art. 175º: "3 — A duração do contrato de utilização não pode exceder o período estritamente necessário à satisfação da necessidade do utilizador a que se refere o n. 1 (...) 5 — Não é permitido celebrar contrato de utilização de trabalho temporário para satisfação de necessidades que foram asseguradas por trabalhador cujo contrato tenha cessado nos 12 meses anteriores

Assim sendo, busca-se evitar a utilização indiscriminada do trabalho temporário, garantindo a manutenção do citado princípio da estabilidade empregatícia. A duração do pacto no particular não pode ultrapassar o lapso temporal estritamente necessário ao contentamento da necessidade do utilizador da mão de obra, não se permitindo celebrar contrato para satisfação de necessidades que foram asseguradas por obreiro cujo contrato tenha cessado nos 12 meses anteriores por despedimento coletivo ou despedimento por extinção do posto de labor[(131)].

Tanto para a doutrina como para a jurisprudência portuguesa, a titularidade do vínculo jurídico-laboral é da Empresa de Trabalho Temporário, porém, no caso, há uma clara existência de cisão ou diluição da posição patronal. Compete a esta empresa o cumprimento da quase totalidade das obrigações patronais, bem como o exercício do poder disciplinar, contudo, quem faz uso do poder de direção é o utilizador. Nesta linha, resta precária a posição do trabalhador temporário, o qual não se integra nem nos quadros da entidade onde presta a sua atividade, nem (no caso do contrato de trabalho temporário) nos daquela que o contratou. Por estes motivos, o regime jurídico do trabalho temporário, desde os seus primórdios, move-se pela preocupação fundamental de garantir a "clarificação do exercício da atividade" e a "proteção social" destes obreiros[(132)].

Neste momento, mostra-se importante ressaltar as palavras de Redinha quando indica o ano de 1948 como de surgimento na América da empresa Manpower, a qual teve expansão internacional e difundiu a modalidade contratual temporária, sendo uma das empresas mais prestigiadas deste setor no mundo[(133)].

Por outro lado, a crise do petróleo da década de 1970 trouxe consigo diversas consequências — entre as quais a precarização do trabalho —, ensejando uma reestruturação produtiva. Redinha menciona a situação portuguesa em que, no início daquela década, a conjugação do abrandamento do crescimento econômico com a erupção da crise energética, a explosão demográfica, a intensificação da concorrência internacional e o embate da revolução tecnológica induziram um quadro recessivo marcado por um dramático e trágico crescimento do desemprego e da inflação[(134)].

---

por despedimento coletivo ou despedimento por extinção de posto de trabalho". (PORTUGAL. *Código do Trabalho*. Disponível em: <http://cite.gov.pt/pt/legis/CodTrab_indice.html>. Acesso em: 20 fev. 2018.)

(131) MARTINEZ, Pedro Romano; MONTEIRO, Luís Miguel; VASCONCELOS, Joana; BRITO, Pedro Madeira de; DRAY, Guilherme; SILVA, Luís Gonçalves da. *Código do trabalho anotado*. 11. ed. Coimbra: Almedina, 2017. p. 474.

(132) MARTINEZ, Pedro Romano; MONTEIRO, Luís Miguel; VASCONCELOS, Joana; BRITO, Pedro Madeira de; DRAY, Guilherme; SILVA, Luís Gonçalves da. *Código do trabalho anotado*. 11. ed. Coimbra: Almedina, 2017. p. 466.

(133) REDINHA, Maria Regina Gomes. *A relação laboral fragmentada*. Coimbra: Coimbra, 1995. p. 23.

(134) REDINHA, Maria Regina Gomes. *A relação laboral fragmentada*. Coimbra: Coimbra, 1995. p. 41.

Dito isto, temos ser a terceirização ("trabalho temporário") uma forma de flexibilização/precarização das relações de labor, a qual ganhou um impulso inegável a partir da crise citada, mesmo já existindo anteriormente.

O fenômeno da flexibilização é tido por muitos como uma verdadeira panaceia para todos os males do mercado de trabalho, como bem destacado por Redinha, que ressalta ser a flexibilidade um verdadeiro "velo de ouro" da gestão empresarial dos dias atuais. Talvez, justamente por isso, muito "(...) poucas questões tenham sido tão debatidas e tão pouco conclusivas, como se a ambiguidade se estendesse do significado ao significante e o seu desvelamento comprometesse o desígnio ou acordasse a nêmeses"[(135)].

Esta verdadeira corrida "flexibilizadora" mostra-se muitas vezes incontrolável, buscando cada vez mais satisfazer o sempre insaciável "mercado", elemento que parece encarado como base da ordem jurídica. Não obstante, como ressaltado por Amado, regramento jurídico como o trabalhista não encontra base válida em simples considerações de eficiência, sob pena de se cair numa visão meramente mercantil do Direito e das suas funções[(136)].

Efetivamente, além da lógica do mercado, outros valores devem ser considerados, preservados e efetivados pelo Direito do Trabalho, como a dignidade da pessoa humana e a proteção dos trabalhadores, devendo suas regras buscar a igualdade e a justiça nas relações laborais, não privilegiando apenas um dos lados destas, o patronal.

3.1.2. Brasil

As características da terceirização de mão de obra e a relação dela surgida foi demonstrada por Delgado quando disse que:

> A terceirização provoca uma relação trilateral em face da contratação de força de trabalho no mercado capitalista: o obreiro, prestador de serviços, que realiza suas atividades materiais e intelectuais junto à empresa tomadora de serviços; a empresa terceirizante, que contrata este obreiro, firmando com ele os vínculos jurídicos trabalhistas pertinentes; a empresa tomadora de serviços, que recebe a prestação de labor, mas não assume a posição clássica de empregadora desse trabalhador envolvido.[(137)]

(135) REDINHA, Maria Regina Gomes. *A relação laboral fragmentada*. Coimbra: Coimbra, 1995. p. 55.

(136) AMADO, João Leal. *Dinâmica das relações de trabalho nas situações de crise (em torno da flexibilização das regras laborais*. 2009. Disponível em: <http://www.stj.pt/nsrepo/cont/coloquios/Interven%C3%A7%C3%A3o%20Professor%20Leal%20Amado.pdf>. Acesso em: 20 fev. 2018.

(137) DELGADO, Mauricio Godinho. *Curso de direito do trabalho*. 15. ed. São Paulo: LTr, 2016. p. 487.

Assim, trata-se a terceirização do trabalho no Brasil de uma relação triangular, onde um trabalhador é contratado por uma empresa para oferecer sua mão de obra noutra, tomadora dos serviços, havendo vínculo trabalhista com a primeira, a qual dirige seus trabalhos, sendo responsável juridicamente por seus direitos.

A regulamentação das empresas terceirizadas no Brasil foi feita pelas Leis ns. 6.019/1974, 7.102/1983, 13.429/2017 e, por fim, 13.467/2017 (denominada "reforma trabalhista").

Como destacado por Barros(138), é possível identificar três elementos que caracterizam o vínculo empregatício entre o obreiro e a empresa tomadora de serviços: onerosidade, exercício do labor por pessoa física e habitualidade na prestação do trabalho. Porém, não é admissível a existência da pessoalidade e subordinação, presentes numa relação de contratação permanente. Existentes estes dois elementos, haveria aqui uma terceirização ilícita, com reconhecimento de vínculo direto com a empresa tomadora dos serviços.

O art. 2º da Lei n. 6.019/1974 dispõe que "*Será lícita a contratação de um serviço temporário pela empresa tomadora desde que seja para atender à necessidade de substituição transitória de pessoal permanente ou à demanda complementar de serviços*". Não obstante, há vedação expressa de desvio de função do empregado, devendo mesmo exercer as para as quais foi especificamente contratado.

Apesar da inexistência de vínculo de emprego direto com a empresa tomadora dos serviços do trabalhador, é esta responsável de forma subsidiária pelo pagamento de suas verbas trabalhistas. A responsabilidade subsidiária se consubstancia na obrigação legal de dar quitação a direitos trabalhistas do empregado que lhe prestou serviços quando a empresa empregadora direta (fornecedora de mão de obra) for inadimplente. A empresa tomadora de mão de obra só arcará com os custos no particular quando não houver bens da empresa fornecedora capazes de garantir o crédito do empregado(139).

A Lei n. 7.102/83 regulamentou outra espécie de terceirização, a de serviços permanentes relacionados com a vigilância e transporte de valores. Nestes casos, o fornecimento de mão de obra pode ser permanente, sem a necessidade de evento a ensejá-lo(140). Posteriormente, a possibilidade de prestação permanente de serviços

(138) BARROS, Sávyo. *Terceirização de mão de obra:* estudo comparado Brasil e Portugal. Orientação Barbosa Júnior, Francisco de Assis. Campina Grande: Biblioteca Unifacisa, 2017.

(139) Art. 5º-A, § 5º da Lei n. 6.019/1974: "a empresa tomadora será subsidiariamente responsável pelas obrigações trabalhistas referentes ao período em que ocorrer a prestação de serviços". (BRASIL. *Lei n. 6.019/1974.* Disponível em: <http://www.planalto.gov.br/ccivil_03/Leis/L6019.htm>. Acesso em: 22 dez. 2018.)

(140) O art. 10 da Lei n. 7.102/1983 definiu o que são os serviços de segurança privada: "São considerados como segurança privada as atividades desenvolvidas em prestação de serviços com a finalidade de: I — proceder à vigilância patrimonial das instituições financeiras e de

terceirizados de limpeza foi reconhecida pelo Tribunal Superior do Trabalho, assim como de outras atividades não ligadas às finalidades empresariais da contratante[141].

Não obstante, ocorreram no ano de 2017 profundas mudanças no trabalho terceirizado no Brasil. A Lei n. 13.429/2017 modificou a Lei n. 6.019/1974 e ampliou a possibilidade de contratação desta espécie de trabalho, não mais havendo restrição quanto às atividades a serem desenvolvidas pelo trabalhador terceirizado, as quais podem concernir à própria finalidade da empresa contratante[142]. Tal ampliação foi ratificada pela Lei n. 13.467/2017, a qual impôs a seguinte redação ao art. 4º-B da Lei n. 6.019/1974:

> Considera-se prestação de serviços a terceiros a transferência feita pela contratante da execução de quaisquer de suas atividades, inclusive sua atividade principal, à pessoa jurídica de direito privado prestadora de serviços que possua capacidade econômica compatível com a sua execução.

O art. 4º-A, § 1º, da citada lei de 1974 permite o que a doutrina chama de quarteirização, ou seja, pode a realização do serviço ocorrer por intermédio de um trabalhador subcontratado pela empresa fornecedora de mão de obra, vale dizer, por alguém não empregado nem desta nem da tomadora de serviços[143].

Com a alegada finalidade de evitar ou diminuir distorções, a Lei n. 13.467/2017 alterou a de n. 6.019/1974 para nela inserir a previsão de equiparação das condições de trabalho dos empregados terceirizados com as dos trabalhadores próprios da empresa contratada, dispondo seu art. 5º-A:

---

outros estabelecimentos, públicos ou privados, bem como a segurança de pessoas físicas; II — realizar o transporte de valores ou garantir o transporte de qualquer outro tipo de carga". (BRASIL. Lei n. 7.102/1983. Disponível em: <http://www.planalto.gov.br/ccivil_03/LEIS/L7102.htm>. Acesso em: 22 dez. 2018.)

(141) Súmula n. 331 do Tribunal Superior do Trabalho: "III — Não forma vínculo de emprego com o tomador a contratação de serviços de vigilância (Lei n. 7.102, de 20.6.1983) e de conservação e limpeza, bem como a de serviços especializados ligados à atividade-meio do tomador, desde que inexistente a pessoalidade e a subordinação direta". (TRIBUNAL SUPERIOR DO TRABALHO. *Súmula n. 331*. Disponível em: <http://www.tst.jus.br/sumulas>. Acesso em: 26 nov. 2018.)

(142) Por atividade-fim, pode-se entender a para a qual se destina a empresa. Por exemplo, um supermercado tem como finalidade a venda de mercadorias. Assim, os vendedores e caixas que nele trabalham são ligados à sua atividade-fim, vendas. Por atividade-meio, entende-se as periféricas à finalidade da empresa. Por exemplo, como a vigilância de seu patrimônio e a limpeza de um supermercado.

(143) Art. 4º-A da Lei n. 6.019/1974, com redação dada pela Lei n. 13.429/2017: "Empresa prestadora de serviços a terceiros é a pessoa jurídica de direito privado destinada a prestar à contratante serviços determinados e específicos. § 1º A empresa prestadora de serviços contrata, remunera e dirige o trabalho realizado por seus trabalhadores, ou subcontrata outras empresas para realização desses serviços. § 2º Não se configura vínculo empregatício entre os trabalhadores, ou sócios das empresas prestadoras de serviços, qualquer que seja o seu ramo, e a empresa contratante". (BRASIL. *Lei n. 13.429/2017*. Disponível em: <http://www.planalto.gov.br/ccivil_03/_ato2015-2018/2017/lei/L13429.htm>. Acesso em: 22 dez. 2017.)

> Art. 5º-A. Contratante é a pessoa física ou jurídica que celebra contrato com empresa de prestação de serviços determinados e específicos.
>
> § 4º A contratante poderá estender ao trabalhador da empresa de prestação de serviços o mesmo atendimento médico, ambulatorial e de refeição destinado aos seus empregados, existente nas dependências da contratante, ou local por ela designado.

Não obstante, a igualdade supostamente buscada parece longe de ser atingida. O Departamento Intersindical de Estatística e Estudos Socioeconômicos (DIEESE), constatou existir, na prática, diferença entre os valores percebidos por seus empregados diretamente contratados e os terceirizados, pois, já no ano de 2014, os salários nas atividades tipicamente terceirizadas encontravam-se num patamar, em média, 23,4% menor do que nas atividades dos contratados diretamente[(144)].

Por outro lado, a taxa de rotatividade no emprego dos terceirizados é a maior do mercado brasileiro. Em 2014, os vínculos nas atividades tipicamente terceirizadas duravam, em média, 34,1 meses ou 2 anos e 10 meses. Já nas atividades com contratação direta das empresas, a duração média dos vínculos era de 70,3 meses ou 5 anos e 10 meses[(145)].

O DIEESE constatou outra distorção com relação à jornada de trabalho. Os trabalhadores terceirizados desenvolvem, em média, mourejo em jornada semanal em torno de 41 a 44 horas, enquanto os demais trabalhadores trabalham aproximadamente 3 horas a menos[(146)].

Estes números demonstram de forma transparente a prejudicialidade da terceirização para os trabalhadores brasileiros. De se destacar que sua ideia, em si, não se mostra contrária aos princípios trabalhistas, pois mantém a essência da relação de emprego, com remuneração obreira e assunção dos riscos da atividade econômica pelas empresas. Contudo, a desvirtuação de seus fins originários a tornam temerária, como abordado no próximo item.

Por outro lado, também é contrária aos princípios trabalhistas a forma com a qual se pratica a terceirização no Brasil, com a precarização das condições de trabalho dos terceirizados, os quais muitas vezes são contratados diretamente por empresas inidôneas, descumpridoras contumazes das regras legais, notadamente de segurança no trabalho (o que enseja riscos para os obreiros acima da média) e de ordem econômica, com a inadimplência quanto à quitação de obrigações pecuniárias.

---

(144) DIEESE. *Terceirização e precarização das condições de trabalho*. Disponível em: <https://www.dieese.org.br/notatecnica/2017/notaTec172Terceirizacao.pdf>. Acesso em: 15 out. 2017.
(145) DIEESE. *Terceirização e precarização das condições de trabalho*. Disponível em: <https://www.dieese.org.br/notatecnica/2017/notaTec172Terceirizacao.pdf>. Acesso em: 15 out. 2017.
(146) DIEESE. *Terceirização e precarização das condições de trabalho*. Disponível em: <https://www.dieese.org.br/notatecnica/2017/notaTec172Terceirizacao.pdf>. Acesso em: 15 out. 2017.

3.1.3. A *gig economy* e o trabalho terceirizado

Pode-se traduzir a reengenharia empresarial como as técnicas específicas utilizadas para eliminar as unidades repetitivas ou ineficientes das empresas(147). Dentro desta reengenharia, se inclui a terceirização de serviços.

Inicialmente, a finalidade da terceirização era fazer com que as empresas não fossem obrigadas a investir (na atividade-meio) na obtenção de sistemas de computação, manutenção e operação relacionados com atividades alheias à cultura, à estratégia e à própria identidade empresarial (da atividade-fim). Não obstante, a partir destas situações, a terceirização ganhou, para quem atua no mercado, *status* de solução de problemas para a quase totalidade das atividades da empresa, chegando a atingir, inclusive, áreas consideradas táticas e estratégicas das mesmas, suas atividades-fim(148).

A partir desta expansão, a terceirização passou a ser encarada como uma forma de redução de custos exclusivamente, materializando-se em procedimentos cuja única finalidade é a redução do número de empregos e do montante dos salários, tudo isso sem que os reais empregadores tivessem de lidar com a realidade de uma força de trabalho insatisfeita por ter tido seus direitos reduzidos. Dessarte, o instituto em análise acabou transferindo os riscos econômicos e as incertezas para os trabalhadores(149).

Na forma ressaltada por Castelo:

> O desvirtuamento da ideia original da terceirização levou as organizações empresariais a se tornarem contratadores e gestores de mão de obra terceirizada, o que tem causado imensa confusão entre as equipes fixas e as terceirizadas, desagregando e desarticulando a identidade dos trabalhadores com a empresa. Com isso, a cultura empresarial não mais se impõe, e a qualidade dos produtos e serviços gerados torna-se bastante questionável. Tudo isso sem contar com a real extensão dos impactos negativos que, ainda, não foram exatamente dimensionados. A terceirização produz uma onda ainda maior de rotatividade, tais fatores geram maior improvisação e perda de produtividade e qualidade. Ou

(147) SENNETT, Richard. *A corrosão do caráter*. Rio de Janeiro: Record, 2002. p. 56.

(148) CASTELO, Jorge Pinheiro. *O direito do trabalho líquido:* o negociado sobre o legislado, a terceirização e o contrato de curto prazo na sociedade da modernidade líquida. São Paulo: LTr, 2017. p. 37.

(149) CASTELO, Jorge Pinheiro. *O direito do trabalho líquido:* o negociado sobre o legislado, a terceirização e o contrato de curto prazo na sociedade da modernidade líquida. São Paulo: LTr, 2017. p. 38.

> seja, os resultados técnicos da terceirização passam a ser questionáveis, pois foi ignorado pelos consultores econômicos o aspecto humano, ou melhor, o fator cultural e os impactos sociais internos às empresas. Os consultores ignoram que só uma equipe integrada, com boa situação de trabalho, produz efetivamente. A integração do time de trabalho faz parte do contexto fundamental do trabalho, especialmente num mundo que gira em torno de informações e conhecimento.(150)

Esta espécie contratual mostra-se presente em quase todos os campos empresariais, se aproximando de forma demasiada dos pactos firmados na *gig economy*.

Da maneira anteriormente tratada, possui a *gig economy* duas formas de labor: o *crowdwork* (*on-line*) e o trabalho *on-demand* via *app*.

O segundo (trabalho *on-demand*) é demandado via aplicativos gerenciados por empresas, sendo o serviço executado em decorrência de uma necessidade apresentada. Analisando as características do trabalho terceirizado, constata-se não haver proximidade sua com aquela espécie de labor.

O trabalho *on-demand* é feito por tarefa específica via intermediação de mão de obra, a qual se esgota rapidamente, logo após a sua realização, como ocorre com o serviço oferecido pelo Uber. Neste caso, o beneficiário final do trabalho mostra-se próximo de um consumidor em sentido estrito(151), o qual firma contrato para realização de um trabalho efetivamente de caráter eventual, tal qual alguém que utiliza os serviços de um táxi tradicional oferecidos por uma empresa do setor.

Há aqui uma diferença clara do usuário final do trabalho *on-demand* com o "utilizador" (denominação portuguesa(152)) ou tomador de serviços (denominação brasileira(153)), os quais se aproveitam da mão de obra do trabalhador por um período de tempo maior (mesmo que reduzido se cotejado com a situação dos empregados seus reconhecidos enquanto tal) e para a ocupação de uma vaga de trabalho em sua empresa, havendo, no caso, um certo grau da continuidade caracterizadora da relação de emprego (não eventualidade para a legislação brasileira(154)).

---

(150) CASTELO, Jorge Pinheiro. *O direito do trabalho líquido:* o negociado sobre o legislado, a terceirização e o contrato de curto prazo na sociedade da modernidade líquida. São Paulo: LTr, 2017. p. 39.

(151) BRASIL. *Art. 2º do Código de Defesa do Consumidor do Brasil*: "Consumidor é toda pessoa física ou jurídica que adquire ou utiliza produto ou serviço como destinatário final". (BRASIL. *Lei n. 8.079/1990*. Disponível em: <http://www.planalto.gov.br/ccivil_03/leis/L8078.htm>. Acesso em: 2 nov. 2017.)

(152) Art. 2º da Lei n. 19.2007, letra *c*.

(153) Lei n. 6.019/1974.

(154) Art. 3º da Consolidação das Leis do Trabalho.

Nesta linha, efetivamente, o trabalhador *on-demand* é um teletrabalhador, mas não um trabalhador terceirizado.

Não obstante, esta não é a realidade dos outros trabalhadores da *gig economy* envolvidos na *crowdwork* (*on-line*). Esta espécie de labor, como dito, concerne à realização de tarefas a partir de plataformas *on-line*, havendo contato entre várias organizações e indivíduos com outras organizações e indivíduos via internet, a oferta de produtos e serviços específicos, como realização de pesquisas, avaliação de elementos de texto e transcrição de áudios, criação de logomarcas e o desenvolvimento de sítios eletrônicos. Ele tanto envolve pequenas como grandes empresas, tanto projetos simples como complexos.

No caso, há aproximação dos elementos do labor via *crowdwork* com o terceirizado, pois em ambos existe a intermediação de mão de obra para realizar tarefas que poderiam ser feitas por empregados contratados diretamente pelo utilizador/tomador dos serviços, como o desenvolvimento de uma pesquisa ou projeto para melhorar os produtos da empresa.

Tal qual no caso do trabalhador terceirizado, o envolvido no *crowdwork* é contratado por uma determinada empresa para prestar serviços a um terceiro, o qual paga para aquela que, por sua vez, repassa parte deste valor para o trabalhador, apenas o fazendo sob outra denominação (salário para o trabalhador terceirizado e comissão, por exemplo, para o trabalhador do *crowdwork*).

Da mesma forma presente no trabalho terceirizado, o utilizador/beneficiário final busca, com a utilização do sistema da *gig economy* no particular, redução dos custos inerentes à contratação de um empregado diretamente, preferindo ter os serviços de um obreiro via terceira empresa, a qual, em último caso, se responsabiliza legalmente pelo mesmo.

As especificidades do mourejo desenvolvido que ensejam algumas diferenças entre o trabalhador terceirizado típico e o do *crowdwork* (*on-line*) não devem ser tidas como intransponíveis para, de forma peremptória, afastar o enquadramento deste como terceirizado. Aquelas nascem da já retratada nova realidade das relações de emprego, a qual demanda reavaliação de seus elementos caracterizadores, com ampliação de sua abrangência para abarcar novas situações não existentes quando de sua construção.

3.2. *Contrato de trabalho a tempo parcial*

Esta modalidade contratual também encontra previsão nas legislações brasileira e portuguesa (estando regulada na Consolidação das Leis do Trabalho e no Código do Trabalho de Portugal). Seguindo o caminho traçado no item anterior, o Contrato de Trabalho a Tempo Parcial será abordado analisando estes regramentos, assim como os da OIT e os da União Europeia.

3.2.1. Portugal

Na forma mencionada por Amado, hoje vivemos numa sociedade fundada no trabalho e na qual esse labor, em regra, consome grande parte da nossa existência. Assim sendo, a relação de trabalho típica é a tempo integral, vale dizer, ocupa 8 horas do tempo diário do obreiro, ou 40 horas semanais (44 horas no Brasil). Não obstante, esta relação típica mostra sinais de erosão na medida em que o trabalho a tempo parcial vem se afirmando e se difundindo cada vez mais(155).

O autor citado entende, em tese, útil esta espécie de pacto, pois, para o empregador, surge como mais uma forma de flexibilização. Já para o trabalhador, pode representar um compromisso perfeito: seja para o jovem que, ainda estudante, deseja ou precisa se integrar ao mercado de trabalho; seja para o idoso que, ainda ativo, deseja e precisa reduzir o volume de trabalho ao qual encontra-se adstrito; seja para a mãe ou para o pai trabalhadores, os quais, tendo um ou mais filhos menores, procuram harmonizar a vida familiar com a profissional; seja para o trabalhador que deseja ou precisa manter uma situação de pluriemprego; seja para a pessoa que, querendo e/ou precisando trabalhar, tem condições de dedicar apenas parte do tempo à profissão. Por outro lado, o trabalho a tempo parcial ainda traz a vantagem de combater o desemprego, abrindo talvez portas do mercado para mais pessoas. Por fim, não se pode olvidar o fato de muitas destas pessoas encontrarem-se "parcialmente empregadas" não por opção, mas por necessidade, ante a falta de oportunidade de arranjar um emprego a tempo integral(156).

O trabalho a tempo parcial está definido no Código do Trabalho de Portugal no art. 150º como sendo o correspondente a um período normal de trabalho semanal inferior ao praticado a tempo completo em situação comparável(157).

Assim, esta espécie de contrato a tempo parcial — vulgarmente designado pelo equivalente em língua inglesa *part-time* — é o no qual o número de horas que o trabalhador se obriga a prestar em cada semana de calendário é inferior, em qualquer medida ou na definida por regulamentação coletiva, ao período normal de trabalho completo em situação comparável(158).

---

(155) AMADO, João Leal. *Contrato de trabalho:* noções básicas. Coimbra: Coimbra, 2015. p. 102.

(156) AMADO, João Leal. *Contrato de trabalho:* noções básicas. Coimbra: Coimbra, 2015. p. 102-103.

(157) Trabalho a tempo parcial art. 150º — Noção de trabalho a tempo parcial — 1 — Considera-se trabalho a tempo parcial o que corresponda a um período normal de trabalho semanal inferior ao praticado a tempo completo em situação comparável.

(158) MARTINEZ, Pedro Romano; MONTEIRO, Luís Miguel; VASCONCELOS, Joana; BRITO, Pedro Madeira de; DRAY, Guilherme; SILVA, Luís Gonçalves da. *Código do trabalho anotado.* 11. ed. Coimbra: Almedina, 2017. p. 421.

Caso o período normal de trabalho não seja o mesmo semanalmente, é considerada a média no período de referência aplicável[159]. Neste caso, o obreiro a tempo parcial pode se encontrar sujeito a regime de adaptabilidade, devendo a respectiva duração semanal ser calculada em termos médios, no período de referência que em concreto se mostrar aplicável. Porém, esta possibilidade suscita o problema da avaliação da extensão possível da adaptabilidade em regime de trabalho a tempo parcial, o que passa por saber se dos trabalhadores pode-se exigir o mesmo acréscimo de tempo de trabalho, diário e semanal, a que se encontram sujeitos os restantes trabalhadores ou se, ao invés, aqueles limites conhecem redução.

Existe, outrossim, a possibilidade de se prestar o trabalho parcial apenas em alguns dias por semana, por mês ou por ano, devendo o número de dias de trabalho ser previamente estabelecido por acordo[160].

No caso, a lei admite o trabalho a tempo parcial "vertical", no qual se eliminam dias inteiros de labor, bem como o trabalho a tempo parcial "horizontal", no qual se reduz a duração de trabalho em todos os dias da semana, tudo dependendo do pacto firmado[161].

Caso existam serviços idênticos desenvolvidos no mesmo estabelecimento por um trabalhador em tempo integral e um a tempo parcial, serão as situações dos empregados equiparadas. Caso inexista no estabelecimento trabalhador em situação comparável, a equiparação ocorrerá com o que moureje noutro estabelecimento da mesma empresa com idêntica atividade, devendo ser levadas em conta a antiguidade e a qualificação[162]. Na hipótese de inexistência de obreiro em situação comparável, atender-se-á ao disposto em instrumento de regulamentação coletiva de trabalho ou na lei para trabalhador a tempo completo e com as mesmas regras de antiguidade e qualificação[163].

---

(159) Trabalho a tempo parcial art. 150º — *Noção de trabalho a tempo parcial — 2 — Para efeitos do número anterior, se o período normal de trabalho não for igual em cada semana, é considerada a respetiva média no período de referência aplicável.*

(160) Trabalho a tempo parcial art. 150º — *Noção de trabalho a tempo parcial — 3 — O trabalho a tempo parcial pode ser prestado apenas em alguns dias por semana, por mês ou por ano, devendo o número de dias de trabalho ser estabelecido por acordo.*

(161) AMADO, João Leal. *Contrato de trabalho:* noções básicas. Coimbra: Coimbra, 2015. p. 103-104.

(162) Trabalho a tempo parcial art. 150º — *Noção de trabalho a tempo parcial — 4 — As situações de trabalhador a tempo parcial e de trabalhador a tempo completo são comparáveis quando estes prestem idêntico trabalho no mesmo estabelecimento ou, não havendo neste trabalhador em situação comparável, noutro estabelecimento da mesma empresa com idêntica atividade, devendo ser levadas em conta a antiguidade e a qualificação.*

(163) Trabalho a tempo parcial art. 150º — *Noção de trabalho a tempo parcial — 5 — Se não existir trabalhador em situação comparável nos termos do número anterior, atende-se ao disposto em instrumento de regulamentação coletiva de trabalho ou na lei para trabalhador a tempo completo e com as mesmas antiguidade e qualificação.*

É franqueada ao instrumento de regulamentação coletiva de trabalho a possibilidade de estabelecimento do limite máximo de percentagem do tempo completo que determina a qualificação do tempo parcial, ou mesmo outros critérios para reconhecimento da equiparação além dos previstos legalmente[164].

De se destacar a existência de vedação legal expressa quanto à possibilidade de se excluir o contrato de trabalho a tempo parcial via pacto coletivo, estando livres as partes para firmá-lo, desde que cumpridos os requisitos legais[165]. Por outro lado, nestes instrumentos de regulamentação coletiva de trabalho, devem ser estabelecidas preferências em favor de pessoas com responsabilidades familiares, com capacidade de trabalho reduzida, com deficiência ou doença crônica ou que frequente estabelecimento de ensino para a admissão em regime de tempo parcial[166].

Entende Araújo que a necessidade crescente de prestação de cuidados aos idosos por parte de familiares enseja a premência de encontrar formas de labor condizentes com uma menor carga de trabalho diária[167]. Entre estes meios, destaca-se o trabalho a tempo parcial. Esta finalidade transparece no art. 152º da Lei n. 7/2009, de 12 de fevereiro, o qual apresenta regras neste sentido no Código do Trabalho português[168].

Não obstante, Araújo critica o que ele chama de falta de sensibilidade social para a realidade atual, pois não há previsão para a assistência aos idosos ou ascendentes diretos de primeiro grau[169].

---

(164) Trabalho a tempo parcial art. 150º — *Noção de trabalho a tempo parcial* — 6 — O instrumento de regulamentaç*ão coletiva de trabalho pode estabelecer o limite máximo de percentagem do tempo completo que determina a qualificação do tempo parcial, ou critérios de comparação além dos previstos na parte final do* n. 4.

(165) Art. 151º *Liberdade de celebração de contrato de trabalho a tempo parcial — A liberdade de celebração de contrato de trabalho a tempo parcial não pode ser excluída por instrumento de regulamentação coletiva de trabalho.*

(166) Art. 152º Preferência na admissão para trabalho a tempo parcial — 1 — Os instrumentos de regulamentação coletiva de trabalho devem estabelecer, para a admissão em regime de tempo parcial, preferências em favor de pessoa com responsabilidades familiares, com capacidade de trabalho reduzida, com deficiência ou doença crônica ou que frequente estabelecimento de ensino. — 2 — Constitui contraordenação grave o desrespeito de preferência estabelecida nos termos do n. 1.

(167) ARAÚJO, Miguel Jorge Silvério Pires de Abreu. *Trabalho a tempo parcial e com horário flexível:* limitações na legislação portuguesa dos direitos dos idosos. Disponível em: <http://www.cielolaboral.com/wp-content/uploads/2016/08/silverio_noticias_cielo_n7_2016.pdf>. Acesso em: 20 dez. 2017.

(168) Art. 152º Preferência na admissão para trabalho a tempo parcial — 1 — Os instrumentos de regulamentação coletiva de trabalho devem estabelecer, para a admissão em regime de tempo parcial, preferências em favor de pessoa com responsabilidades familiares, com capacidade de trabalho reduzida, com deficiência ou doença crônica ou que frequente estabelecimento de ensino.

(169) ARAÚJO, Miguel Jorge Silvério Pires de Abreu. *Trabalho a tempo parcial e com horário flexível:* limitações na legislação portuguesa dos direitos dos idosos. Disponível em: <http://

> A circunscrição do conceito de trabalhador com responsabilidades familiares com direito a trabalhar a tempo parcial, a trabalhador com filho menor de 12 anos, ou que, independentemente da idade, possua deficiência ou doença crônica (n. 1 do art. 55º do Código do Trabalho), configura uma gritante incapacidade de reconhecer uma das mais importantes tendências demográficas dos tempos modernos. Afigura-se assim como imperativo primordial a necessária adaptação legislativa cabível, a fim de não promover a exclusão da admissão de trabalhadores aos quais seja impossível trabalhar a tempo completo e, simultaneamente, dotar os idosos de mais direitos cujo usufruto lhes permitirá uma vida mais digna, maior qualidade de vida e bem-estar e, em última análise, mais tempo ao trabalhador para estar com a família.[170]

O contrato de trabalho a tempo parcial português tem caráter formal e é necessariamente escrito, nele devendo constar a identificação, as assinaturas e o domicílio ou sede das partes, além do período normal de trabalho diário e semanal, com referência comparativa a trabalho a tempo completo[171]. Não havendo esta indicação temporal, ou se não escrito o contrato, presume-se a tempo integral o pacto[172].

Ao trabalhador em tempo parcial, é aplicável o regime previsto em lei ou pacto coletivo o qual, pela sua natureza, não implique a prestação de trabalho a tempo completo[173], sendo vedado para aquele tratamento menos favorável que o dispensado aos contratados por meio desta última espécie de pacto em situação comparável. Apenas há exceção com relação a este tratamento isonômico quando a diferenciação existente decorra de situações objetivas devidamente previstas em instrumento de regulamentação coletiva de trabalho[174].

---

www.cielolaboral.com/wp-content/uploads/2016/08/silverio_noticias_cielo_n7_2016.pdf>. Acesso em: 20 dez. 2017.

(170) ARAÚJO, Miguel Jorge Silvério Pires de Abreu. *Trabalho a tempo parcial e com horário flexível:* limitações na legislação portuguesa dos direitos dos idosos. Disponível em: <http://www.cielolaboral.com/wp-content/uploads/2016/08/silverio_noticias_cielo_n7_2016.pdf>. Acesso em: 20 dez. 2017. p. 2.

(171) Art. 153º Forma e conteúdo de contrato de trabalho a tempo parcial — 1 — O contrato de trabalho a tempo parcial está sujeito a forma escrita e deve conter: a) Identificação, assinaturas e domicílio ou sede das partes; b) Indicação do período normal de trabalho diário e semanal, com referência comparativa a trabalho a tempo completo.

(172) Art. 153º Forma e conteúdo de contrato de trabalho a tempo parcial — 2 — Na falta da indicação referida na alínea b) do número anterior, presume-se que o contrato é celebrado a tempo completo. — 3 — Quando não tenha sido observada a forma escrita, considera-se o contrato celebrado a tempo completo.

(173) Art. 154º Condições de trabalho a tempo parcial — 1 — A trabalhador a tempo parcial é aplicável o regime previsto na lei e em instrumento de regulamentação coletiva de trabalho que, pela sua natureza, não implique a prestação de trabalho a tempo completo.

(174) Art. 154º Condições de trabalho a tempo parcial — 2 — O trabalhador a tempo parcial não pode ter tratamento menos favorável do que o trabalhador a tempo completo em situação

É também garantido ao empregado contratado sob jornada parcial a percepção de retribuição base e outras prestações, com ou sem caráter retributivo, as quais estejam previstas na lei ou em instrumento de regulamentação coletiva de trabalho. Na hipótese de haver previsão de direitos mais favoráveis concernentes a trabalhador a tempo completo em situação comparável, fará jus aquele trabalhador aos mesmos, guardando-se apenas a proporção do respectivo período normal de trabalho semanal(175).

Quando o período normal de trabalho diário for inferior a cinco horas, faz jus o contratado a tempo parcial ao subsídio (auxílio) refeição proporcional ao respetivo período normal de trabalho semanal. Na hipótese de mourejo em jornada superior àquela, o subsídio de refeição será pago em montante igual ao previsto em instrumento de regulamentação coletiva de trabalho ou, caso seja mais favorável, ao praticado na empresa(176).

A inspiração do antes narrado claramente repousa no princípio da igualdade, na sua dupla vertente: identidade de tratamento para situações iguais; diferenciação de tratamento para situações distintas, de acordo com a medida da diferença(177).

A aplicação deste princípio da isonomia, assim como pela regra da proporcionalidade, como critério geral de determinação da disciplina jurídica do trabalho a tempo parcial, faz nascer diversas dúvidas quanto a problemas concretos de transposição de regimes, como a qualificação dos dias de não exercício da atividade no trabalho a tempo vertical. No caso, ao descanso semanal dos trabalhadores a tempo parcial deve-se aplicar o previsto para os trabalhadores a tempo completo. Assim, nem todos os dias de não trabalho do trabalhador a tempo parcial vertical serão dias de descanso semanal, designadamente para efeitos de aplicação do regime jurídico do trabalho suplementar(178).

---

comparável, a menos que um tratamento diferente seja justificado por razões objetivas, que podem ser definidas por instrumento de regulamentação coletiva de trabalho.

(175) Art. 154º Condições de trabalho a tempo parcial — 3 — O trabalhador a tempo parcial tem direito: a) À retribuição base e outras prestações, com ou sem caráter retributivo, previstas na lei ou em instrumento de regulamentação coletiva de trabalho ou, caso sejam mais favoráveis, às auferidas por trabalhador a tempo completo em situação comparável, na proporção do respetivo período normal de trabalho semanal; (...)

(176) Art. 154º Condições de trabalho a tempo parcial — 3 — O trabalhador a tempo parcial tem direito: b) Ao subsídio de refeição, no montante previsto em instrumento de regulamentação coletiva de trabalho ou, caso seja mais favorável, ao praticado na empresa, exceto quando o período normal de trabalho diário seja inferior a cinco horas, caso em que é calculado em proporção do respectivo período normal de trabalho semanal.

(177) AMADO, João Leal. *Contrato de trabalho:* noções básicas. Coimbra: Coimbra, 2015. p. 104.

(178) MARTINEZ, Pedro Romano; MONTEIRO, Luís Miguel; VASCONCELOS, Joana; BRITO, Pedro Madeira de; DRAY, Guilherme; SILVA, Luís Gonçalves da. *Código do trabalho anotado.* 11. ed. Coimbra: Almedina, 2017. p. 426.

É permitida expressamente na lei a alteração da duração do trabalho a tempo parcial para o de tempo completo, sendo igualmente permitida a pactuação inversa, seja de forma definitiva, seja por um tempo determinado, sendo obrigatória a pactuação escrita em qualquer caso[(179)]. Também é possível ao trabalhador encerrar o acordo por meio de comunicação escrita enviada ao empregador até o sétimo dia seguinte à celebração[(180)]. Não obstante, este encerramento não pode ocorrer se o acordo de modificação do período de trabalho for devidamente datado com assinaturas reconhecidas pelo notarial presencial[(181)].

Se o acordo concernir à transmudação do contrato de a tempo completo para parcial por período determinado, quando expirado este, fará jus o trabalhador a retomar o labor na jornada anterior, sendo contravenção grave a violação desta regra[(182)].

A consciência do profundo significado das alterações narradas sobre a vida do trabalhador levou o legislador a tutelar a posição do mesmo em termos coincidentes aos previstos para a revogação de um contrato de trabalho, os quais se traduzem no reconhecimento ao direito ao "arrependimento" do obreiro que, uma vez exercido, torna ineficaz o acordo celebrado[(183)].

Existem alguns deveres legalmente previstos para os empregadores seguirem. Deverão eles fornecer aos trabalhadores informações sobre os postos de trabalho a tempo parcial e a tempo completo disponíveis no estabelecimento, facilitando, assim, as mudanças contratuais relativas à espécie de jornada a ser cumprida[(184)]. Outrossim, deverão disponibilizar às estruturas de representação coletiva dos trabalhadores

---

(179) Art. 155º Alteração da duração do trabalho a tempo parcial — 1 — O trabalhador a tempo parcial pode passar a trabalhar a tempo completo, ou o inverso, a título definitivo ou por período determinado, mediante acordo escrito com o empregador.

(180) Art. 155º Alteração da duração do trabalho a tempo parcial — 2 — O trabalhador pode fazer cessar o acordo referido no número anterior por meio de comunicação escrita enviada ao empregador até ao sétimo dia seguinte à celebração.

(181) Art. 155º Alteração da duração do trabalho a tempo parcial — 3 — Excetua-se do disposto no número anterior o acordo de modificação do período de trabalho devidamente datado e cujas assinaturas sejam objeto de reconhecimento notarial presencial.

(182) Art. 155º Alteração da duração do trabalho a tempo parcial — 4 — Quando a passagem de trabalho a tempo completo para trabalho a tempo parcial, nos termos do n. 1, se verifique por período determinado, decorrido este, o trabalhador tem direito a retomar a prestação de trabalho a tempo completo. — 5 — Constitui contraordenação grave a violação do disposto no n. 4.

(183) MARTINEZ, Pedro Romano; MONTEIRO, Luís Miguel; VASCONCELOS, Joana; BRITO, Pedro Madeira de; DRAY, Guilherme; SILVA, Luís Gonçalves da. *Código do trabalho anotado*. 11. ed. Coimbra: Almedina, 2017. p. 428-429.

(184) Art. 156º Deveres do empregador em caso de trabalho a tempo parcial — 2 — O empregador deve, ainda: a) Fornecer aos trabalhadores, em tempo oportuno, informação sobre os postos de trabalho a tempo parcial e a tempo completo disponíveis no estabelecimento, de modo a facilitar as mudanças a que se referem as alíneas *a* e *b* do número anterior; (...).

da empresa informações adequadas sobre o trabalho a tempo parcial praticado, sendo considerada falta grave patronal o descumprimento destas obrigações[(185)].

Por outro lado, sempre que possível, devem os empregadores levar em consideração o pedido de mudança do trabalhador a tempo completo para trabalho a tempo parcial disponível no estabelecimento, assim como o pleito de mudança em sentido inverso, ou de aumento da jornada de trabalho[(186)].

Por fim, sempre que possível, também deverão as empresas facilitar o acesso a trabalho a tempo parcial a todos os níveis da empresa, mesmo os cargos de mais elevado padrão, como os de direção[(187)].

Na modalidade laboral a tempo parcial, o tempo de mourejo acaba ficando dependente das necessidades do empregador, havendo aqui, como dito por Gomes, uma verdadeira transmissão dos riscos da atividade econômica para os empregados[(188)].

Amado destaca o fato de, dentre as seis modalidades atípicas de pactos de labor previstas no CT de Portugal, é o tempo parcial o único ao qual se pode recorrer livremente e sem limites, pois a lei modera a possibilidade de recurso ao contrato a termo, de trabalho temporário, intermitente e à comissão de serviço. Por seu turno, no teletrabalho o limite resulta da própria natureza das coisas, pois nem todas as atividades laborais podem ser realizadas à distância, com recurso à tecnologias de informação e de comunicação[(189)].

Esta característica significativa do fim de limitação constitui novidade do CT/2009, pois nele houve a eliminação do limite máximo de duração do trabalho a

(185) Art. 156º Deveres do empregador em caso de trabalho a tempo parcial — 2 — O empregador deve, ainda: (...) b) Fornecer às estruturas de representação coletiva dos trabalhadores da empresa informações adequadas sobre o trabalho a tempo parcial praticado na empresa. — 3 — Constitui contraordenação leve a violação do disposto no número anterior.

(186) Art. 156º Deveres do empregador em caso de trabalho a tempo parcial. — 1 — Sempre que possível, o empregador deve: a) Tomar em consideração o pedido de mudança do trabalhador a tempo completo para trabalho a tempo parcial disponível no estabelecimento; b) Tomar em consideração o pedido de mudança do trabalhador a tempo parcial para trabalho disponível a tempo completo, ou de aumento do seu tempo de trabalho; (...).

(187) Art. 156º Deveres do empregador em caso de trabalho a tempo parcial. — 1 — Sempre que possível, o empregador deve: c) Facilitar o acesso a trabalho a tempo parcial a todos os níveis da empresa, incluindo os cargos de direção.

(188) GOMES, Júlio. *Trabalho a tempo parcial,* p. 31 *apud* MARTINS, André Almeida. O trabalho intermitente como instrumento de flexibilização da relação laboral: o regime do código do trabalho de 2009. *I Congresso Internacional de Ciências Jurídico-Empresariais,* p. 71. Disponível em: <https://icon-line.ipleiria.pt/bitstream/10400.8/772/1/artigo2.pdf >. Acesso em: 10 maio 2018.

(189) AMADO, João Leal. *Contrato de trabalho:* noções básicas. Coimbra: Coimbra, 2015. p. 104.

tempo parcial, fixado em 2003 em 75% do período normal de labor praticado em tempo completo em situação comparável[(190)].

Em contrapartida, igualmente merecem ser ressaltadas as estatísticas quanto à participação das mulheres nesta espécie contratual. Mesmo tendo em mente as variações de país para país, o certo é que a taxa de feminização do trabalho a tempo parcial é bem elevada[(191)].

Ante tal fato, mister se faz a presença de um especial cuidado quanto a esta espécie contratual, evitando-se a repetição de estereótipos discriminatórios acerca do trabalho feminino, com indicação de quais espécies laborais são típicas para mulheres e quais o são para os homens. Por outro lado, deve-se ficar atento para que também não se reproduzam práticas discriminatórias, como remuneração horária inferior para os trabalhadores a tempo parcial como forma de reduzir os salários das mulheres.

3.2.2. Brasil

No Brasil, o trabalho a tempo parcial é regulamentado na CLT em trecho alterado pela Lei n. 13.467/2017.

A lei considera trabalho em regime de tempo parcial o labor cuja duração não exceda trinta horas semanais. Neste caso, não há a possibilidade de haver trabalho extra. Também se enquadra nesta espécie de contrato aquele mourejo cuja duração não exceda vinte e seis horas semanais, com a possibilidade, diante disto, de acréscimo de até seis horas suplementares semanais[(192)].

Godinho explica a diferenciação, pois, no Brasil, há dois tipos de contrato de trabalho por tempo parcial.

> Efetivamente, em conformidade com a Lei da Reforma Trabalhista (novo *caput* do art. 58-A da CLT), passam a existir dois modelos de regime de trabalho em tempo parcial: o primeiro modelo diz respeito àquele regime cuja duração não exceda a 30 horas semanais (neste caso, foi ampliado o limite máximo de 25 horas, constante do texto anterior do art. 58-A

(190) MARTINEZ, Pedro Romano; MONTEIRO, Luís Miguel; VASCONCELOS, Joana; BRITO, Pedro Madeira de; DRAY, Guilherme; SILVA, Luís Gonçalves da. *Código do trabalho anotado*. 11. ed. Coimbra: Almedina, 2017. p. 421.

(191) AMADO, João Leal. *Contrato de trabalho:* noções básicas. Coimbra: Coimbra, 2015. p. 105-106.

(192) Art. 58-A da CLT. Considera-se trabalho em regime de tempo parcial aquele cuja duração não exceda a trinta horas semanais, sem a possibilidade de horas suplementares semanais, ou, ainda, aquele cuja duração não exceda a vinte e seis horas semanais, com a possibilidade de acréscimo de até seis horas suplementares semanais.

da CLT). Fica claro que, neste primeiro modelo, não há a possibilidade de horas suplementares semanais (novo *caput* do art. 58-A da CLT). O segundo modelo do regime de trabalho em tempo parcial diz respeito aquele cuja duração não exceda 26 horas semanais. Nesse modelo, contudo, fica clara a possibilidade de acréscimo de até seis horas suplementares semanais (novo *caput*, *in fine*, do art. 58-A da CLT). Essas horas suplementares serão pagas, evidentemente, com o adicional de 50% sobre o salário-hora normal (novo § 3º do art. 58-A da CLT). Na prática, nesse segundo modelo, o empregado pode trabalhar até 32 horas semanais, sendo 26 horas a duração contratual padrão e mais seis horas suplementares.(193)

O salário dos empregados sob o regime de tempo parcial deverá ser proporcional à sua jornada, em relação aos empregados que cumprem, nas mesmas funções, tempo integral(194).

A adoção do regime de tempo parcial para quem já seja empregado em tempo integral apenas será feita mediante opção manifestada perante a empresa. Nesta hipótese, as formalidades do pedido seguirão modelo definido em instrumento resultante de negociação coletiva(195).

Esta possibilidade de conversão é discutível à luz do direito brasileiro, pois pode ser considerada maléfica para o empregado, como mencionado por Cavalcante.

> Muitos operadores do direito, empolgados com as alterações da nova lei, podem pensar que agora é possível reduzir os custos de meus clientes e transformar seus empregados em trabalhadores em regime de tempo parcial (para aqueles que trabalham 6 horas de segunda a sexta). Pensamos que essa alteração para os trabalhadores no curso do contrato de trabalho leva ao risco de se entender que houve redução de direitos e consequentemente alteração contratual lesiva, podendo levar ao risco do deferimento de diferenças salariais.(196)

---

(193) DELGADO, Mauricio Godinho; DELGADO, Gabriela Neves. *A reforma trabalhista no Brasil*. São Paulo: LTr, 2017. p. 124.

(194) Art. 58-A da CLT, § 1º O salário a ser pago aos empregados sob o regime de tempo parcial será proporcional à sua jornada, em relação aos empregados que cumprem, nas mesmas funções, tempo integral.

(195) Art. 58-A da CLT, § 2º Para os atuais empregados, a adoção do regime de tempo parcial será feita mediante opção manifestada perante a empresa, na forma prevista em instrumento decorrente de negociação coletiva.

(196) CAVALCANTE, Rodrigo Arantes; VAL, Renata do. *Reforma trabalhista comentada artigo por artigo:* de acordo com princípios, constituição federal e acordos internacionais. São Paulo: LTr, 2017. p. 35.

As horas extras trabalhadas serão acrescidas de 50% (da mesma forma dos demais trabalhadores), sendo consideradas extraordinárias as que ultrapassarem o montante de horas acordado. Assim, se no contrato há previsão de labor em 20 horas por semana, qualquer mourejo além deste montante será considerado extra, mesmo se, no total, as horas trabalhadas não ultrapassarem as 26 horas legais[(197)].

Poderá, outrossim, haver compensação destas horas trabalhadas a mais numa semana com redução de jornada na semana imediatamente posterior[(198)].

Como explica Oliveira:

> As horas suplementares da semana poderão ser compensadas até a semana seguinte imediata; em caso negativo, as horas suplementares serão pagas na folha do mês subsequente. O termo subsequente significa que o pagamento não será feito no mesmo mês em que houve o trabalho suplementar, mas no mês subsequente, isto é, no mês seguinte. Não vemos motivo para o atraso no pagamento. Para que não houvesse atraso na folha de pagamento, poderia determinar o pagamento de horas suplementares não compensadas nas duas primeiras semanas e o restante para o mês subsequente.[(199)]

As férias do trabalhador a tempo parcial têm duração idêntica às dos demais trabalhadores brasileiros, de 30 dias no mínimo, sendo possível se converter 1/3 deste total em pecúnia, com trabalho nos 10 dias convertidos[(200)].

As mudanças impostas a esta espécie contratual pela Lei n. 13.467/2017 ressaltaram a isonomia entre os trabalhadores a tempo parcial e os demais das categorias respectivas que mourejem a tempo integral, com a natural exceção da duração da jornada. Elas também tornaram o instituto mais ágil e prático, com a possibilidade de realização de horas extras em alguns casos, o que vem ao encontro das naturais variações da prestação de labor, as quais não comportam uma rigidez

(197) Art. 58-A da CLT, § 3º As horas suplementares à duração do trabalho semanal normal serão pagas com o acréscimo de 50% (cinquenta por cento) sobre o salário-hora normal. § 4º Na hipótese de o contrato de trabalho em regime de tempo parcial ser estabelecido em número inferior a vinte e seis horas semanais, as horas suplementares a este quantitativo serão consideradas horas extras para fins do pagamento estipulado no § 3º, estando também limitadas a seis horas suplementares semanais.

(198) Art. 58-A da CLT, § 5º As horas suplementares da jornada de trabalho normal poderão ser compensadas diretamente até a semana imediatamente posterior à da sua execução, devendo ser feita a sua quitação na folha de pagamento do mês subsequente, caso não sejam compensadas.

(199) OLIVEIRA, Francisco Antônio de. *Reforma trabalhista:* comentários à Lei n. 13.467, de julho de 2017. São Paulo: LTr, 2017. p. 23.

(200) Art. 58-A da CLT, § 6º É facultado ao empregado contratado sob regime de tempo parcial converter um terço do período de férias a que tiver direito em abono pecuniário. § 7ºAs férias do regime de tempo parcial são regidas pelo disposto no art. 130 desta Consolidação.

demasiada em face da imprevisibilidade das demandas de algumas atividades, como as desenvolvidas em bares e restaurantes.

3.2.3. Convenção da OIT e aspectos legais e econômicos do contrato de trabalho a tempo parcial na União Europeia

Na forma mencionada por Villatore, a Convenção n. 175 da OIT, a qual versa sobre o trabalho a tempo parcial, foi ratificada apenas por Chipre, Guiana e Ilhas Maurício. Entrou em vigor a partir de 28 de fevereiro de 1998, como previsto em seu art. 13, § 2º (ratificação do segundo país, Chipre, ocorrida em 28.2.1997)[(201)], não a tendo ratificado o Brasil até a presente data.

O art. 1º, letra "a", da Convenção n. 175, define o obreiro a tempo parcial como "todo trabalhador assalariado cuja atividade laboral tenha uma duração normal inferior à dos trabalhadores a tempo integral em situação comparável"[(202)]. Por seu turno, a letra "d" deste artigo dispõe que os trabalhadores a tempo completo em desemprego parcial, vale dizer, afetados por uma redução coletiva e temporária da sua duração normal do trabalho por razões econômicas, técnicas ou estruturais, não serão trabalhadores a tempo parcial[(203)].

Não obstante a generalidade *supra*, o art. 3º da Convenção em tela abre a possibilidade dos países que a ratificarem excluírem total ou parcialmente do âmbito do trabalho parcial determinadas categorias de trabalhadores ou de estabelecimentos, quando a sua aplicação aos mesmos suscitar problemas particulares de importância considerável[(204)].

A Convenção prevê a adoção de medidas para que os trabalhadores a tempo parcial não recebam um salário-hora inferior ao pago aos trabalhadores em tempo integral. Outrossim, os regimes de segurança social ligados ao exercício de uma atividade profissional devem ser adaptados de modo a permitir possam os trabalha-

---

(201) VILLATORI, Marco Antônio César. Trabalho a tempo parcial no direito comparado. *Revista Trabalho & Doutrina (Processo e Jurisprudência)*, diretor responsável Valentin Carrion, fascículo n. 21, São Paulo, p. 129, jun. 1999.

(202) RODRIGUES JUNIOR, Edson Beas. *Convenções da OIT e outros instrumentos de direito internacional público e privado relevantes ao direito do trabalho*. São Paulo: LTr, 2017. p. 234.

(203) RODRIGUES JUNIOR, Edson Beas. *Convenções da OIT e outros instrumentos de direito internacional público e privado relevantes ao direito do trabalho*. São Paulo: LTr, 2017. p. 234.

(204) "Art. 3º A presente Convenção aplica-se a todos os trabalhadores a tempo parcial, podendo, no entanto, qualquer membro, após consulta das organizações representativas dos empregadores e dos trabalhadores interessados, excluir total ou parcialmente do seu âmbito determinadas categorias de trabalhadores ou de estabelecimentos quando a sua aplicação aos mesmos suscitar problemas particulares de importância considerável." (*Apud* RODRIGUES JUNIOR, Edson Beas. *Convenções da OIT e outros instrumentos de direito internacional público e privado relevantes ao direito do trabalho*. São Paulo: LTr, 2017. p. 234.)

dores a tempo parcial se beneficiar de condições equivalentes às dos trabalhadores a tempo completo que se encontrem numa situação comparável[(205)].

Por seu turno, a Diretiva 97/81/CE do Conselho, de 15 de dezembro de 1997, trata sobre o assunto na União Europeia. Ela se relaciona à aplicação de um acordo padrão sobre trabalho a tempo parcial analisado e concluído pela União das Confederações da Indústria e dos Empregadores da Europa (UNICE), pela Confederação Europeia dos Sindicatos (CES) e pelo Centro Europeu das Empresas com Participação Estatal (CEEP). Os objetivos deste acordo são: a) diminuir a discriminação ao trabalhador a tempo parcial e melhoria da qualidade de trabalho a esse título; b) facilitar o desenvolvimento do trabalho a tempo parcial com base voluntária e contribuir com uma organização flexível do horário de trabalho, levando em consideração os desejos dos empregadores e dos trabalhadores[(206)].

Como explica Villatore:

> Trabalhador a tempo parcial, nos termos do acordo, é aquele que possui horário de trabalho normal que, calculado sob base semanal ou em média sob um período de emprego que pode chegar a um ano, é inferior àquele de um trabalhador a tempo integral comparável.
>
> Já o trabalhador a tempo integral comparável é aquele que trabalha a tempo integral no mesmo estabelecimento que possui o mesmo tipo de contrato, ou de relação de trabalho e um trabalho/ocupação idêntico ou similar, tendo conta de outras considerações que podem incluir o tempo de serviço e a qualificação/competência.
>
> Na falta do trabalhador a tempo integral comparável no mesmo estabelecimento, o paradigma deve ser efetuado com referimento ao contrato

(205) "Art. 5º Devem tomar-se medidas adequadas à legislação e à prática nacionais para que os trabalhadores a tempo parcial não recebam, apenas pelo facto de trabalharem a tempo parcial, um salário de base que, calculado proporcionalmente com base na hora, no rendimento ou à peça, seja inferior ao salário de base, calculado segundo o mesmo método, dos trabalhadores a tempo completo que se encontrem numa situação comparável. Art. 6º Os regimes legais de segurança social que estejam ligados ao exercício de uma actividade professional devem ser adaptados de modo que os trabalhadores a tempo parcial beneficiem de condições equivalentes às dos trabalhadores a tempo completo que se encontrem numa situação comparável; essas condições poderão ser determinadas proporcionalmente à duração do trabalho, às quotizações ou aos ganhos, ou por outros métodos conformes com a legislação e a prática nacionais." (*Apud* RODRIGUES JUNIOR, Edson Beas. *Convenções da OIT e outros instrumentos de direito internacional público e privado relevantes ao direito do trabalho*. São Paulo: LTr, 2017. p. 234.)

(206) VILLATORI, Marco Antônio César. Trabalho a tempo parcial no direito comparado. *Revista Trabalho & Doutrina (Processo e Jurisprudência)*, diretor responsável Valentin Carrion, fascículo n. 21, São Paulo, p. 135, jun. 1999.

coletivo aplicável ou, em sua ausência, conforme a lei, os documentos normativos coletivos ou a prática nacional.(207)

Quanto à produção dos empregados, existem evidências estatísticas na União Europeia (UE) acerca da maior produtividade do trabalhador submetido ao contrato por hora quando mais trabalhadores no país estão contratados desta forma, havendo diminuição produtiva em sentido inverso. Dos 28 países que compõem a UE, a produtividade do trabalho por hora (UE 28 = 100) é maior em países como Luxemburgo (182), Bélgica (134,7), Países Baixos (129,5), Irlanda (129) e França (128). Por outro lado, os países em que se verifica uma menor produtividade por hora são Croácia (60,5), Polônia (58,6), Letônia (53,6), Romênia (49,4) e Bulgária (42,5)(208).

Quando se cruzam os dados do percentual da população empregada a tempo completo em cotejo com o em tempo parcial, constata-se nos países com maior produtividade por hora de trabalho a existência das mais altas taxas de trabalho a tempo parcial. Se em Luxemburgo e na França a população que trabalha a tempo parcial cifra-se nos 18,8%, na Irlanda e na Bélgica sobe aos 22,8% e 24,7%, respectivamente(209).

Araújo analisa que:

> É nos Países Baixos, terceiro mais produtivo por hora de trabalho dos 28 da UE, onde se encontra a verdadeira revelação, onde a população que trabalha a tempo parcial (50,8%) ultrapassa o grupo dos que trabalham a tempo completo (49,2%). Inversamente, é nos países com menor produtividade por hora de trabalho que se encontram também os valores mais baixos em percentagem da população que trabalha a tempo parcial, ressaltando-se para tanto os já acima descritos: Croácia (6,9%), Polônia (7,4%), Letônia (7,9%), Romênia e, com apenas 2,4%, a Bulgária. Esta relação comparativa de dados estatísticos permite reforçar a importância

---

(207) VILLATORI, Marco Antônio César. Trabalho a tempo parcial no direito comparado. *Revista Trabalho & Doutrina (Processo e Jurisprudência)*, diretor responsável Valentin Carrion, fascículo n. 21, São Paulo, p. 135, jun. 1999.

(208) ARAÚJO, Miguel Jorge Silvério Pires de Abreu. *Trabalho a tempo parcial e com horário flexível:* limitações na legislação Portuguesa dos direitos dos idosos. Disponível em: <http://www.cielolaboral.com/wp-content/uploads/2016/08/silverio_noticias_cielo_n7_2016.pdf>. Acesso em: 20 dez. 2017.

(209) ARAÚJO, Miguel Jorge Silvério Pires de Abreu. *Trabalho a tempo parcial e com horário flexível:* limitações na legislação Portuguesa dos direitos dos idosos. Disponível em: <http://www.cielolaboral.com/wp-content/uploads/2016/08/silverio_noticias_cielo_n7_2016.pdf>. Acesso em: 20 dez. 2017.

> de estimular o trabalho a tempo parcial, porquanto indicia que é potencialmente benéfico para o aumento da produtividade.(210)

Estes números demonstram uma realidade interessante para as empresas, mas não necessariamente boa para os empregados. Uma maior produção não decorre apenas da satisfação do empregado, podendo estar ligada diretamente a outros fatores, como o medo de perder o emprego ou, mesmo, o de se mostrar um bom empregado para eventualmente ter seu contrato de trabalho transmudado de parcial para em tempo integral, com o natural aumento de remuneração dela decorrente.

3.2.4. O trabalho a tempo parcial e a *gig economy*

O trabalho a tempo parcial corresponde a um período normal de trabalho semanal inferior ao praticado a tempo completo em situação comparável, havendo a possibilidade de labor apenas em alguns dias por semana, por mês ou por ano, devendo o número de dias de trabalho ser previamente estabelecido por acordo(211), e seus salários pagos de maneira proporcional à jornada desenvolvida(212).

Assim sendo, é inevitável a aproximação desta espécie contratual com a relativa aos trabalhadores da *gig economy*. Em ambos os casos, a contratação do trabalhador é feita para que este desenvolva seu mourejo em tempo parcial, por um período específico de tempo.

Na forma ressaltada por Bauman, a flexibilidade é um símbolo do capitalismo líquido e do direito do trabalho líquido a ele concernente, o qual, quando aplicado ao mercado laboral, traz o discurso do fim do emprego e sua substituição pelo trabalho por curto prazo, sem pacto de labor típico nem cobertura previdenciária, mas com cláusulas até a nova mudança(213).

Castelo destaca que:

> Quando a utilização do trabalho se torna de curto prazo e precária, tendo sido ele despido de perspectivas firmes e, portanto, tornado episódico,

(210) ARAÚJO, Miguel Jorge Silvério Pires de Abreu. *Trabalho a tempo parcial e com horário flexível:* limitações na legislação Portuguesa dos direitos dos idosos. Disponível em: <http://www.cielolaboral.com/wp-content/uploads/2016/08/silverio_noticias_cielo_n7_2016.pdf>. Acesso em: 20 dez. 2017.

(211) Trabalho a tempo parcial art. 150º Noção de trabalho a tempo parcial — 3 — O trabalho a tempo parcial pode ser prestado apenas em alguns dias por semana, por mês ou por ano, devendo o número de dias de trabalho ser estabelecido por acordo.

(212) Art. 58-A da CLT, § 1º O salário a ser pago aos empregados sob o regime de tempo parcial será proporcional à sua jornada, em relação aos empregados que cumprem, nas mesmas funções, tempo integral.

(213) BAUMAN, Zygmunt. *Modernidade líquida*. Rio de Janeiro: Jorge Zahar, 2001. p. 185-186.

> quando todas as regras relativas ao "jogo" foram esgotadas ou tendem a ser alteradas antes que o "jogo" termine, há pouca chance de que a lealdade e o compromisso mútuos brotem e se enraízem. Ao contrário dos tempos da dependência mútua de longo prazo, não há quase estímulo para um interesse por conhecer os empreendimentos comuns e os arranjos a eles relacionados, que de qualquer forma seriam transitórios. O emprego parece um acampamento e não um lugar compartilhado onde nos inclinamos a construir pacientemente regras aceitáveis de convivência.
>
> Na perspectiva da hiperindividualização as formas fugazes de associação são mais úteis para pessoas do que as conexões de longo prazo. A versão liquefeita, fluida, dispersa, espalhada e desregulada do direito do trabalho líquido derivado da pós-modernidade líquida e do advento do capitalismo líquido, leve e flutuante, é marcada pelo desengajamento e enfraquecimento dos laços que prendem o capital ao trabalho. Se no capitalismo social e no direito do trabalho compromissado manter-se juntos era uma questão de acordo recíproco e de mútua dependência, no capitalismo líquido e no direito do trabalho líquido (e descompromissado) o desengajamento é unilateral: um dos lados da configuração adquiriu a autonomia que sempre desejou, mas nunca podia aplicar seriamente antes.[214]

Nesta linha, o pacto de labor a tempo parcial traz consigo essencialmente a marca da modernidade líquida, com todo o afastamento do trabalhador de seu real empregador a ela inerente, fato igualmente típico da *gig economy*.

Embora não haja uma predeterminação de horas a serem trabalhadas na *gig economy*, faz parte da própria essência dos contratos de labor nela existentes a duração parcial das jornadas, vale dizer, não haver uma continuidade, podendo ser sua extensão contada em horas, dias, semanas ou meses. O labor efetivamente é parcial, apenas não havendo uma prévia contratação quanto ao tempo que irá demandar.

Apesar de não haver esta predeterminação específica, as empresas podem naturalmente estimar o tempo a ser gasto pelo trabalhador para realizar a tarefa, notadamente ante sua experiência na execução anterior de tarefas semelhantes por outros trabalhadores noutras oportunidades.

Se não existe a estipulação prévia do tempo de duração da jornada do empregado, e partindo do princípio da possibilidade de enquadramento do trabalhador

---

(214) CASTELO, Jorge Pinheiro. *O direito do trabalho líquido:* o negociado sobre o legislado, a terceirização e o contrato de curto prazo na sociedade da modernidade líquida. São Paulo: LTr, 2017. p. 33-34.

da economia *gig* como contratado a tempo parcial, estaremos diante de um descumprimento patronal de determinações legais, fato que não pode ser encarado como impeditivo do enquadramento em tela. As regras protetivas do empregado, se não aplicadas pelas empresas, devem ensejar sua punição, não entendimento de que sua ausência é proibitiva do reconhecimento do vínculo de emprego.

3.3. *Contrato de trabalho intermitente*

O trabalho intermitente no Brasil foi uma novidade imposta pela Lei n. 13.467/2017, porém, o mesmo já estava previsto em países como Portugal, no Código do Trabalho de 2009, Inglaterra, onde há o contrato *zero hours*, e Espanha, onde existe o contrato descontínuo.

3.3.1. Portugal

O trabalho intermitente encontra-se regulamentado dos arts. 157º ao 160º do Código do Trabalho de Portugal. A questão especial residente nesta espécie de pactuação trabalhista é a possibilidade de se manter um vínculo de emprego alternado, com períodos de atividade do trabalhador intercalados com os de inatividade[(215)].

Trata-se de uma modalidade de contrato de trabalho caracterizada por uma forma de organização do tempo na qual a períodos de atividade do obreiro se sucedem lapsos temporais de inatividade, constituindo-se sua estrutura fundamental na descontinuidade da prestação de trabalho[(216)].

Há permissão de contratação sob a égide desta espécie contratual para as empresas que exerçam atividades com descontinuidade ou intensidade variável. Como exemplos destas empresas, podemos citar um restaurante localizado em algum balneário onde, no verão, há um aumento substancial no número de clientes, ou um bar no mesmo tipo de local o qual funcione apenas durante uma estação do ano específica.

Amado destaca tratar-se esta pactuação de uma nova modalidade contratual particularmente afeiçoada à satisfação de certo tipo de necessidades empresariais, traduzindo-se numa das mais flexíveis formas de emprego já conhecidas pelo ordenamento jurídico trabalhista. No caso, adapta-se a prestação de trabalho de forma

(215) Art. 157º do Código do Trabalho de Portugal. 1 — Em empresa que exerça atividade com descontinuidade ou intensidade variável, as partes podem acordar que a prestação de trabalho seja intercalada por um ou mais períodos de inatividade.

(216) MARTINEZ, Pedro Romano; MONTEIRO, Luís Miguel; VASCONCELOS, Joana; BRITO, Pedro Madeira de; DRAY, Guilherme; SILVA, Luís Gonçalves da. *Código do trabalho anotado*. 11. ed. Coimbra: Almedina, 2017. p. 430.

bem elástica às variadas e mutáveis exigências produtivas da empresa moderna, as quais, por vezes, implicam que a períodos de prestação de serviço se sucedam períodos de inatividade[217].

Brito igualmente destaca o caráter inovador do instituto, embora, segundo o autor, haja um antecedente legislativo no art. 8º da Lei n. 4/2008[218], de 7 de fevereiro, relativa ao contrato de labor dos trabalhadores de espetáculos públicos[219].

Em princípio, apenas as empresas exercentes de atividade descontínua ou de intensidade variável poderão figurar nos pactos intermitentes. Porém, deve-se tornar este conceito denso, sendo certo que, ao utilizar as "interrupções" ou "flutuações", a lei oferece um cenário bastante vasto para o recurso ao labor intermitente. Aliás, e em bom rigor, se a descontinuidade poderá não ser frequente, a "intensidade variável" será, quiçá, um traço característico da atividade da grande maioria das empresas[220].

Há vedação expressa na lei quanto a se contratar um empregado para laborar nesta espécie de jornada a termo resolutivo ou em regime temporário de trabalho[221].

---

(217) AMADO, João Leal. *Contrato de trabalho:* noções básicas. Coimbra: Coimbra, 2015. p. 106.

(218) Art. 8º Contrato por tempo indeterminado com exercício intermitente da prestação de trabalho. 1 — Quando os espetáculos públicos não apresentem carácter de continuidade, pode ser acordado o exercício intermitente da prestação de trabalho, nos termos dos números seguintes. 2 — Aquando da celebração ou durante a vigência de um contrato de trabalho por tempo indeterminado as partes podem acordar na sua sujeição, temporária ou definitiva, ao exercício intermitente da prestação de trabalho, bem como o início e o termo de cada período de trabalho e a antecedência com que o empregador deve informar o trabalhador do início daquele. 3 — Para efeitos do disposto no número anterior, os tempos de trabalho efectivo correspondem à duração, promoção e preparação dos espectáculos públicos, aos tempos de deslocação quando se trate de espectáculos itinerantes e os tempos de não trabalho correspondem aos períodos de inactividade. 4 — Durante os períodos de inactividade, o trabalhador mantém a disponibilidade para iniciar a sua prestação de trabalho desde que seja convocado pelo empregador com a antecedência acordada entre as partes que não deve ser inferior a 20 dias. 5 — Nos períodos de inactividade, mantêm-se os direitos, deveres e garantias das partes que não pressuponham a prestação efectiva de trabalho. 6 — Durante os períodos de inactividade, o trabalhador tem direito: a) A exercer outra actividade; b) A uma compensação retributiva, a fixar por acordo das partes, com um mínimo de 30% da retribuição normal; c) Aos complementos retributivos, designadamente subsídios de férias e Natal, calculados com base no valor previsto para a retribuição correspondente ao último período de trabalho efectivo. 7 — Durante os períodos de inactividade o empregador fica obrigado a: a) Pagar pontualmente a compensação retributiva; b) Não admitir novos trabalhadores ou renovar contratos para actividades artísticas susceptíveis de poderem ser desempenhadas pelo trabalhador em situação de inactividade. (PORTUGAL. *Lei n. 4/2008, de 7 de fevereiro*. Disponível em: <http://www.pgdlisboa.pt/leis/lei_mostra_articulado.php?nid=1084&tabela=leis>. Acesso em: 20 maio 2018.)

(219) MARTINEZ, Pedro Romano; MONTEIRO, Luís Miguel; VASCONCELOS, Joana; BRITO, Pedro Madeira de; DRAY, Guilherme; SILVA, Luís Gonçalves da. *Código do trabalho anotado*. 11. ed. Coimbra: Almedina, 2017. p. 430.

(220) AMADO, João Leal. *Contrato de trabalho:* noções básicas. Coimbra: Coimbra, 2015. p. 108.

(221) Art. 157º do Código do Trabalho de Portugal. 2 — O contrato de trabalho intermitente não pode ser celebrado a termo resolutivo ou em regime de trabalho temporário.

O contrato de trabalho intermitente tem caráter formal, devendo ser escrito e nele constar a identificação das partes, assinaturas e indicação de domicílio ou sede(222). Igualmente obrigatória, a menção ao número anual de horas de trabalho a serem laboradas ou do número anual de dias de mourejo(223). O descumprimento de quaisquer destes requisitos enseja a existência de um contrato celebrado sem período de inatividade(224).

Ao estabelecer os limites temporais, o legislador procurou evitar seja o período de inatividade do trabalhador demasiado longo, mas, por outro lado, sujeita-se o procedimento legislativo à crítica daqueles que entendem que, deste modo, se introduz uma excessiva rigidez normativa numa modalidade contratual a qual deveria ser o santuário da flexibilidade(225).

Como antes aventado, esta espécie contratual mostra-se como um *genus* composto por duas espécies. No pacto de trabalho intermitente, deverá haver a indicação do número anual de horas de trabalho ou do número anual de dias de trabalho, significando tal fato que o volume anual de labor, o *quantum* da prestação laboral, terá de ser programado pelos contratantes. Aqui o ritmo da intermitência é previsível e está programado no contrato. Não obstante, haverá situações nas quais o *quando* da prestação não será antecipadamente determinado, obrigando-se o trabalhador a responder às solicitações da entidade empregadora. Aqui, ao contrário da situação anterior, o ritmo da intermitência será imprevisível, irregular, pelo que o *quando* da prestação dependerá da pertinente convocatória efetuada pelo empregador. Destarte, pode-se concluir que o trabalho intermitente "(...) se desdobra em duas submodalidades: o trabalho alternado e o trabalho à chamada (isto, como é óbvio, sem prejuízo de as partes poderem modelar fórmulas mistas de trabalho intermitente)"(226).

Cabe às partes o estabelecimento da duração da prestação de trabalho, dispondo se será ela de maneira consecutiva ou intercalada. Também deverão ser indicadas as datas de início e término de cada período de labor, ou, pelo menos,

(222) Art. 158º do Código do Trabalho de Portugal. Forma e conteúdo de contrato de trabalho intermitente: 1 — O contrato de trabalho intermitente está sujeito a forma escrita e deve conter: a) Identificação, assinaturas e domicílio ou sede das partes.

(223) Art. 158º do Código do Trabalho de Portugal. Forma e conteúdo de contrato de trabalho intermitente: I — O contrato de trabalho intermitente está sujeito a forma escrita e deve conter: b) Indicação do número anual de horas de trabalho, ou do número anual de dias de trabalho a tempo completo.

(224) Art. 158º do Código do Trabalho de Portugal — 2 — Quando não tenha sido observada a forma escrita, ou na falta da indicação referida na alínea b) do número anterior, considera-se o contrato celebrado sem período de inatividade.

(225) AMADO, João Leal. *Contrato de trabalho:* noções básicas. Coimbra: Coimbra, 2015. p. 109.

(226) AMADO, João Leal. *Contrato de trabalho:* noções básicas. Coimbra: Coimbra, 2015. p. 106-107.

a antecedência mínima com a qual o empregador deve informar o trabalhador do início daquele[(227)], que não poderá ser inferior a 20 dias[(228)].

Esta antecedência mínima de 20 dias consubstancia-se num ponto especialmente sensível, para onde confluem interesses contrapostos de ambos os sujeitos. Para o empregador, até mesmo em função do caráter imprevisível e irregular das necessidades de mão de obra, o prazo de antecedência da chamada deve ser o mais diminuto possível. Por outro lado, para o obreiro, o mesmo é importante para tornar possível uma planificação mínima de sua vida pessoal, familiar e profissional; assim, o aviso-prévio deve ser para ele o mais amplo possível[(229)].

Como indicado no art. 159º, item 2, do CT/2009, a duração da prestação de trabalho não pode ser inferior a seis meses a tempo completo, por ano, dos quais pelo menos quatro meses devem ser consecutivos[(230)]. Caso o número anual de horas de trabalho ou o número anual de dias de trabalho a tempo completo seja inferior a esse limite, considera-se celebrado o contrato pelo número anual de horas nos termos do citado art. 159º, item 2[(231)].

O Código de Labor português considerou a precariedade inerente a esta espécie de contratação e tentou compensá-la concedendo alguns direitos específicos aos empregados durante o período de inatividade. Ao mesmo tempo, manteve algumas obrigações para os contratantes.

> Art. 160º
>
> Direitos do trabalhador
>
> 1 — Durante o período de inatividade, o trabalhador tem direito a compensação retributiva em valor estabelecido em instrumento de regulamentação coletiva de trabalho ou, na sua falta, de 20% da retribuição base, a pagar pelo empregador com periodicidade igual à da retribuição.

---

(227) Art. 159º do Código do Trabalho de Portugal — 1 — As partes estabelecem a duração da prestação de trabalho, de modo consecutivo ou interpolado, bem como o início e termo de cada período de trabalho, ou a antecedência com que empregador deve informar o trabalhador do início daquele.

(228) Art. 159º do Código do Trabalho de Portugal — 3 — A antecedência a que se refere o n. 1 não deve ser inferior a 20 dias.

(229) AMADO, João Leal. *Contrato de trabalho:* noções básicas. Coimbra: Coimbra, 2015. p. 109-110.

(230) Art. 159º do Código do Trabalho de Portugal — 2 — A prestação de trabalho referida no número anterior não pode ser inferior a seis meses a tempo completo, por ano, dos quais pelo menos quatro meses devem ser consecutivos.

(231) Art. 158º do Código do Trabalho de Portugal — 3 — O contrato considera-se celebrado pelo número anual de horas resultante do disposto no n. 2 do artigo seguinte, caso o número anual de horas de trabalho ou o número anual de dias de trabalho a tempo completo seja inferior a esse limite.

2 — Os subsídios de férias e de Natal são calculados com base na média dos valores de retribuições e compensações retributivas auferidas nos últimos 12 meses, ou no período de duração do contrato se esta for inferior.

3 — Durante o período de inatividade, o trabalhador pode exercer outra atividade.

4 — Durante o período de inatividade, mantêm-se os direitos, deveres e garantias das partes que não pressuponham a efetiva prestação de trabalho.

5 — Constitui contraordenação grave a violação do disposto nos ns. 1 ou 2.[232]

Neste momento, mostra-se importante destacar que, no entender de Gomes, o princípio da proporcionalidade introduz uma ideia genérica por meio da qual só poderão ser aplicados ao obreiro intermitente os direitos e deveres estabelecidos para o obreiro a tempo integral quando, pela natureza dos mesmos, permitam esta aplicação e, ainda assim, na medida na qual se possa dizer que substancialmente as posições jurídicas dos dois trabalhadores são comparáveis. O autor entende ser necessário "distinguir os direitos, obrigações e condições laborais directa ou indirectamente afectados pelo tempo de prestação e que são mensuráveis ou quantificáveis, dos direitos e deveres que não correspondem a tais características"[233].

Dito isto, constata-se, como mencionado, haver no caso a preservação da percepção de algum valor salarial durante o período de inatividade, assim como de alguns outros direitos concernentes ao mesmo, numa tentativa de compensação do trabalhador submetido, na prática, a um período de desemprego programado no qual, em tese, mantém seu emprego. Este proceder mostra-se compatível com o princípio da proporcionalidade aventado, pois mantém o trabalhador os meios para a sua manutenção durante todo o tempo do contrato, tal qual o empregado em tempo integral. Aqui, embora haja labor durante todo o período de um e apenas em parte deste de outro, a percepção salarial apresenta-se necessária em ambos os casos, sendo direito de todos os trabalhadores a sua manutenção em razão de seu emprego.

Amado entende não possuir o pagamento durante os períodos de inatividade caráter salarial, sendo, na realidade, uma "compensação retributiva", a qual, inclusive, poderá ser pactuada em percentual superior aos 20% legalmente previstos, sendo este patamar apenas o mínimo[234].

---

(232) PORTUGAL. *Código do Trabalho*. Disponível em: <http://cite.gov.pt/asstscite/downloads/legislacao/CT25092017.pdf#page=64>. Acesso em: 6 nov. 2017.

(233) GOMES, Júlio. *Trabalho a tempo parcial*, p. 31 *apud* MARTINS, André Almeida. O trabalho intermitente como instrumento de flexibilização da relação laboral: o regime do código do trabalho de 2009. *I Congresso Internacional de Ciências Jurídico-Empresariais*, p. 90-91. Disponível em: <https://*icon-line*.ipleiria.pt/bitstream/10400.8/772/1/artigo2.pdf >. Acesso em: 10 maio 2018.

(234) AMADO, João Leal. *Contrato de trabalho:* noções básicas. Coimbra: Coimbra, 2015. p. 110.

Brito igualmente chama de "compensação retributiva" o pagamento em tela, destacando o autor que o objetivo é manter o trabalhador disponível para retomar o trabalho nos períodos fixados ou mediante pré-aviso do empregador[(235)].

Entendemos correto o entendimento narrado acerca da previsão apenas de um patamar mínimo no caso (20%), pois naturalmente um pacto mais favorável ao trabalhador poderá ser firmado. Não obstante, a natureza jurídica deste pagamento parece ser salarial, pois efetivamente decorre do contrato de trabalho e do labor desenvolvido pelo obreiro, sendo apenas uma espécie de salário diferido, vale dizer, na realidade, o obreiro passa a fazer jus ao mesmo quando do labor efetivo, apenas percebendo-o posteriormente. Assim, o valor remuneratório real do trabalhador não é formado apenas pelo montante efetivamente percebido nos meses de mourejo, mas, sim, este acrescido dos valores pagos durante a inatividade.

A lei ainda reconhece ao trabalhador intermitente o direito de exercer outra atividade laboral durante o período de inatividade. Não obstante, esta faculdade esbarra em dois obstáculos consideráveis. O primeiro, de ordem fática, reside na dificuldade prática de o trabalhador intermitente assumir compromissos de labor minimamente consistentes com outrem, quando se sabe que ele terá de estar disponível para responder às solicitações, mais ou menos imprevisíveis, que lhe faça o empregador. Enquanto obreiro intermitente, retribuído durante os períodos de inatividade, ele é um trabalhador "à chamada", elemento que tornará bem mais difícil o exercício de qualquer outra atividade durante estes períodos[(236)].

Por outro lado, no plano jurídico, acontece ainda que o exercício dessa outra atividade laboral não poderá representar uma violação do dever de lealdade ao qual o obreiro intermitente se encontra vinculado em face do respectivo empregador, pois, nos termos do n. 4 do dispositivo supratranscrito, mantêm-se, durante a inatividade, os deveres das partes[(237)]. Assim sendo, não pode o obreiro, por exemplo, exercer uma atividade a qual possa ser considerada concorrente ao empregador, sob pena de mácula ao dever de não concorrência[(238)].

Nesta linha, constata-se que o trabalhador intermitente goza de apenas uma pequena margem de liberdade para a gestão do período de inatividade, podendo ser chamado praticamente a qualquer tempo e impossibilitado de exercer deter-

---

(235) MARTINEZ, Pedro Romano; MONTEIRO, Luís Miguel; VASCONCELOS, Joana; BRITO, Pedro Madeira de; DRAY, Guilherme; SILVA, Luís Gonçalves da. *Código do trabalho anotado*. 11. ed. Coimbra: Almedina, 2017. p. 434.

(236) AMADO, João Leal. *Contrato de trabalho:* noções básicas. Coimbra: Coimbra, 2015. p. 110-111.

(237) AMADO, João Leal. *Contrato de trabalho:* noções básicas. Coimbra: Coimbra, 2015. p. 111.

(238) MARTINEZ, Pedro Romano; MONTEIRO, Luís Miguel; VASCONCELOS, Joana; BRITO, Pedro Madeira de; DRAY, Guilherme; SILVA, Luís Gonçalves da. *Código do trabalho anotado*. 11. ed. Coimbra: Almedina, 2017. p. 434.

minadas funções. Assim, tem-se que no período de inatividade há, efetivamente, a manutenção dos efeitos do pacto de labor ao menos para o empregado, o qual fica ainda preso às "amarras" empresariais.

3.3.2. Brasil

O contrato de trabalho intermitente foi uma novidade no Brasil trazida pela Lei n. 13.467/2017. O cerne do contrato é idêntico ao previsto na legislação portuguesa, havendo a possibilidade de se firmar o pacto prevendo períodos de trabalho efetivo e outros de afastamento do empregado. Igualmente, há a previsão de pactuação obrigatoriamente por escrito.

A lei citada acresceu o § 3º ao art. 443 da CLT, nele colocando a definição do trabalho intermitente:

> Art. 443, § 3º Considera-se como intermitente o contrato de trabalho no qual a prestação de serviços, com subordinação, não é contínua, ocorrendo com alternância de períodos de prestação de serviços e de inatividade, determinados em horas, dias ou meses, independentemente do tipo de atividade do empregado e do empregador, exceto para os aeronautas, regidos por legislação própria.[239]

Assim, podemos entender o contrato de trabalho intermitente como aquele em que a prestação de serviços subordinado ocorre de maneira descontínua, havendo alternância de períodos de mourejo e de inatividade, os quais podem ser pactuados em horas, dias ou meses.

O termo "intermitente" constitui-se em adjetivo de dúplice gênero, originário do latim *intermittendi*. No caso, intermitência significa que o trabalho cessa e recomeça por intervalos, maiores ou menores, os quais se manifestam com intermitências; que não é contínuo; que tem interrupções[240].

Interessante notar ter o legislador se empenhado em conceituar o que seria o trabalho intermitente, porém, não se preocupou com os intervalos da intermitência, não havendo menção de como seriam considerados os mesmos.

Nesta linha, temos que a reforma introduziu uma nova modalidade de contrato de trabalho na CLT, a qual não é uma exclusividade brasileira, apenas sendo no Brasil inédita até então. Trata-se de um vínculo mediante subordinação com

(239) BRASIL. *Consolidação das Leis do Trabalho*. Disponível em: <http://www.planalto.gov.br/ccivil_03/_ato2015-2018/2017/lei/L13467.htm>. Acesso em: 2 nov. 2017.

(240) OLIVEIRA, Francisco Antônio de. *Reforma trabalhista:* comentários à Lei n. 13.467, de julho de 2017. São Paulo: LTr, 2017. p. 48-49.

contraprestação. A habitualidade não é estreita e cotidiana, por ser um contrato em que ocorrerão interrupções, que cessam e recomeçam por intervalos. Este pacto é intervalado, descontínuo, por isso, não raro, a sua remuneração será horária, podendo o labor abarcar poucas horas por mês[(241)].

Se aqui há um labor esporádico, devem naturalmente existir lapsos temporais sem subordinação. Importa anotar ficar o empregado nesta forma de pacto à mercê das necessidades da empresa, o que pode inviabilizar que as necessidades dos trabalhadores sejam supridas, pois o obreiro poderá ser chamado para efetivo labor por apenas algumas horas, somente recebendo por elas. Assim, dependendo do caso concreto, pode ocorrer de o empregado acabar assumindo o risco do negócio do empregador[(242)].

Os defensores da reforma trabalhista brasileira o fazem também assegurando o gozo dos direitos trabalhistas dos obreiros que não conseguem adentrar ao mercado de trabalho, citando o trabalho intermitente como uma forma de tirar da informalidade milhares de trabalhadores, garantindo direitos mínimos, como pagamento de férias proporcionais com acréscimo de um terço, décimos terceiros salários proporcionais, descanso semanal remunerado e horas extras. Porém, contra-argumentam os detratores da reforma levantando a possibilidade da utilização do trabalho intermitente pelo empregador para provocar a precarização do trabalho, com o empregador dispondo de mão de obra barata e apenas quando precisa[(243)].

Efetivamente, o desenho atual do pacto intermitente permite o convite ao trabalhador para a realização de determinado serviço por um intervalo de tempo baixo, a ser realizado a cada mês, trimestre, semestre ou anualmente. Este desenho pode gerar uma insegurança para o trabalhador, não resultando, necessariamente, na inclusão ao mercado de trabalho daqueles fadados à informalidade[(244)]. Por outro

---

(241) CORRÊA, Antônio de Pádua Muniz. Reforma trabalhista: primeiras impressões. *Revista LTr*, ano 82, n. 4, São Paulo, p. 441, 2018.

(242) CAVALCANTE, Rodrigo Arantes; VAL, Renata do. *Reforma trabalhista comentada artigo por artigo:* de acordo com princípios, Constituição Federal e acordos internacionais. São Paulo: LTr, 2017. p. 64.

(243) PEREIRA, Gisaldo do Nascimento. A reforma trabalhista e o futuro do trabalho. In: ARRUDA, Kátia Magalhães; ARANTES, Delaíde Alves Miranda (orgs.). *A centralidade do trabalho e os rumos da legislação trabalhista:* homenagem ao ministro João Oreste Dalazen. São Paulo: LTr, 2018. p. 120.

(244) PEREIRA, Gisaldo do Nascimento. A reforma trabalhista e o futuro do trabalho. In: ARRUDA, Kátia Magalhães; ARANTES, Delaíde Alves Miranda (orgs.). *A centralidade do trabalho e os rumos da legislação trabalhista:* homenagem ao ministro João Oreste Dalazen. São Paulo: LTr, 2018. p. 121.

lado, esta nova modalidade, se bem empregada, poderá ser útil para determinadas funções anteriormente chamadas de "bicos", os quais não possuíam qualquer regulamentação ou garantia de direitos[(245)].

O contrato intermitente e o de teletrabalho previstos na "reforma trabalhista" brasileira guardam grandes semelhanças, pois são formas atípicas de contrato de emprego e possuem uma série de regras relacionadas a sua validade, todas elas a serem celebradas e alteradas por meio da forma escrita, tornando seu uso sujeito aos mesmos riscos técnicos decorrentes do uso ou não das adequadas formas jurídicas[(246)].

Nos termos do art. 452-A da CLT, o contrato de trabalho intermitente deverá ser firmado de forma escrita, nele sendo obrigatório conter de forma precisa o valor da hora de trabalho, não podendo esta ser inferior ao valor horário do salário mínimo. No caso de haver empregados no estabelecimento patronal exercentes da mesma função do obreiro intermitente, o valor da hora de trabalho não poderá ser inferior ao pago para aqueles[(247)].

Assim sendo, o ato da contratação segue um ato solene, devendo constar na Carteira de Trabalho do obreiro, além de em contrato escrito que se aconselha, que especifique a jornada por dia ou semana, os dias trabalhados semanalmente ou por mês, além do salário-hora ou diário, o qual não poderá ser inferior ao salário mínimo horário ou do daquele pago ao mesmo trabalhador que desempenhe a mesma função na empresa, seja por meio do contrato de trabalho intermitente ou indeterminado[(248)].

Entendem Cavalcante e Val que a celebração por escrito do contrato e sua consignação na CTPS do empregado deve ocorrer mesmo na hipótese de previsão de sua aplicação em Acordo Coletivo de Trabalho ou Convenção

---

(245) CAVALCANTE, Rodrigo Arantes; VAL, Renata do. *Reforma trabalhista comentada artigo por artigo:* de acordo com princípios, Constituição Federal e acordos internacionais. São Paulo: LTr, 2017. p. 64.

(246) MENDES, Marcus Menezes Barberino. Lei n. 13.467/2017: as consequências econômicas da ampliação do poder estipulante. In: PAMPLONA FILHO, Rodolfo; LUDWIG, Guilherme Guimarães; VALE, Silvia Teixeira do (coords.). *Interpretação e aplicação da reforma trabalhista no direito brasileiro*. São Paulo: LTr, 2018. p. 31.

(247) Art. 452-A. O contrato de trabalho intermitente deve ser celebrado por escrito e deve conter especificamente o valor da hora de trabalho, que não pode ser inferior ao valor horário do salário mínimo ou àquele devido aos demais empregados do estabelecimento que exerçam a mesma função em contrato intermitente ou não. (BRASIL. *Consolidação das Leis do Trabalho*. Disponível em: <http://www.planalto.gov.br/ccivil_03/decreto-lei/Del5452.htm>. Acesso em: 10 maio 2018.)

(248) CORRÊA, Antônio de Pádua Muniz. Reforma trabalhista: primeiras impressões. *Revista LTr*, ano 82, n. 4, São Paulo, p. 441, 2018.

Coletiva de Trabalho. Por outro lado, na hipótese do descumprimento destas formalidades pelo empregador, o contrato de trabalho intermitente poderá ser declarado nulo nos termos do art. 9º da CLT[249], com o trabalhador sendo considerado um empregado comum (art. 3º da CLT[250])[251].

Na forma bem indicada por Corrêa, infelizmente não houve a prudência do legislador no sentido de garantir ao empregado contratado nessa modalidade uma remuneração mínima mensal ou por determinado número de horas por semana ou mês, ainda que não houvesse trabalho, o que forçaria o empregador a lhe fornecer trabalho durante a contratação. Por outro lado, também merece crítica o longo período no qual o empregado poderá ficar sem trabalho, apesar de regularmente contratado, visto que, segundo a redação do art. 452-D da CLT, o período de inatividade poderá chegar a até um ano para se considerar o contrato intermitente rescindido de pleno direito[252].

No caso, a lei brasileira não restringiu o contrato intermitente apenas para aquelas empresas as quais, por sua própria natureza, exerçam atividades em descontinuidade ou em intensidade variável, cujo objetivo seja alcançar, por meio de esforço humano intenso, em curto espaço de tempo, altos rendimentos ou resultados. Na realidade, quando a Lei da Reforma introduziu o § 3º no art. 443 da CLT, instituindo a intermitência no Brasil independentemente do tipo de atividade desenvolvida pelo empregado ou empregador, apenas foi excepcionada a categoria dos aeronautas[253].

De se destacar a necessidade de manutenção dos princípios republicanos da dignidade da pessoa humana e da valorização do trabalho. Assim sendo, quando do decurso de um prazo razoável — por exemplo, quando não há trabalho por dois ou três meses —, poderá o empregado entender descumprido o

(249) Art. 9º Serão nulos de pleno direito os atos praticados com o objetivo de desvirtuar, impedir ou fraudar a aplicação dos preceitos contidos na presente Consolidação. (BRASIL. *Consolidação das Leis do Trabalho.* Disponível em: <http://www.planalto.gov.br/ccivil_03/decreto-lei/Del5452.htm>. Acesso em: 10 maio 2018.)

(250) Art. 3º Considera-se empregado toda pessoa física que prestar serviços de natureza não eventual a empregador, sob a dependência deste e mediante salário. (BRASIL. *Consolidação das Leis do Trabalho.* Disponível em: <http://www.planalto.gov.br/ccivil_03/decreto-lei/Del5452.htm>. Acesso em: 10 maio 2018.)

(251) CAVALCANTE, Rodrigo Arantes; VAL, Renata do. *Reforma trabalhista comentada artigo por artigo:* de acordo com princípios, Constituição Federal e acordos internacionais. São Paulo: LTr, 2017. p. 71.

(252) CORRÊA, Antônio de Pádua Muniz. Reforma trabalhista: primeiras impressões. *Revista LTr,* ano 82, n. 4, São Paulo, p. 441, 2018.

(253) CAVALCANTE, Rodrigo Arantes; VAL, Renata do. *Reforma trabalhista comentada artigo por artigo:* de acordo com princípios, Constituição Federal e acordos internacionais. São Paulo: LTr, 2017.

mínimo civilizatório, notadamente porque não está percebendo uma remuneração mínima por mês[(254)].

Nesta linha, e tendo por guarida o art. 8º da CLT[(255)], o qual autoriza o juiz do trabalho decidir por equidade, princípios gerais do direito do trabalho, usos e costumes e até pelo direito comparado, o Judiciário Trabalhista está autorizado a suprir a lacuna legal, majorando, para cada caso concreto, uma remuneração mínima, porque o trabalho é um direito social previsto no art. 6º da CF, sendo, por outro lado, um direito universal de todo homem ver garantido, como meio de subsistência, o trabalho[(256)]. Para tanto, poder-se-ia utilizar, por exemplo, a legislação portuguesa, aplicando a garantia de uma remuneração mínima no caso concreto.

Muradas também destaca os aspectos fundamentais do salário, para o qual a ordem jurídica estabelece sistema de proteção especial em face de abusos do empregador (art. 7º, X, da CF[(257)]). Em face do negociado pelas partes assimétricas do pacto de labor, elas podem estabelecer, de modo direto ou indireto, redução no valor nominal do salário, o que se interdita pela via contratual individual (art. 7º, VI, da CF[(258)]) e ofende de modo direto o sistema imperativo referente à duração do trabalho, em especial quanto ao trabalho intermitente[(259)].

No particular, restaria a proteção salarial diretamente maculada pela pior forma concebível, ou seja, pela sua própria inexistência.

Embora possa ensejar alguns benefícios, temos serem os perigos de precarização existentes no pacto em tela maiores que suas vantagens. Ao não fornecer ao

---

(254) CAVALCANTE, Rodrigo Arantes; VAL, Renata do. *Reforma trabalhista comentada artigo por artigo:* de acordo com princípios, Constituição Federal e acordos internacionais. São Paulo: LTr, 2017.

(255) Art. 8º As autoridades administrativas e a Justiça do Trabalho, na falta de disposições legais ou contratuais, decidirão, conforme o caso, pela jurisprudência, por analogia, por equidade e outros princípios e normas gerais de direito, principalmente do direito do trabalho, e, ainda, de acordo com os usos e costumes, o direito comparado, mas sempre de maneira que nenhum interesse de classe ou particular prevaleça sobre o interesse público. (BRASIL. *Consolidação das Leis do Trabalho*. Disponível em: <http://www.planalto.gov.br/ccivil_03/decreto-lei/Del5452.htm>. Acesso em: 10 maio 2018.)

(256) CORRÊA, Antônio de Pádua Muniz. Reforma trabalhista: primeiras impressões. *Revista LTr*, ano 82, n. 4, São Paulo, p. 441, 2018.

(257) Art. 7º X — proteção do salário na forma da lei, constituindo crime sua retenção dolosa. (BRASIL. *Constituição Federal*. Disponível em: <http://www.planalto.gov.br/ccivil_03/constituicao/constituicaocompilado.htm>. Acesso em: 10 maio 2018.)

(258) Art. 7º VI — irredutibilidade do salário, salvo o disposto em convenção ou acordo coletivo. (BRASIL. *Constituição Federal*. Disponível em: <http://www.planalto.gov.br/ccivil_03/constituicao/constituicaocompilado.htm>. Acesso em: 10 maio 2018.)

(259) MURADAS, Daniela. A reforma trabalhista e o mito da classe média esclarecida: capital cultural e dependência dos fatores organizados da produção. In: PAMPLONA FILHO, Rodolfo; LUDWIG, Guilherme Guimarães; VALE, Silvia Teixeira do (coords.). *Interpretação e aplicação da reforma trabalhista no direito brasileiro*. São Paulo: LTr, 2018. p. 51.

trabalhador a segurança mínima de uma percepção salarial mensal, a norma acaba por tirar do mesmo um meio de sustentação que, não raro, é o seu único, levando-o, na realidade, para o mercado informal, para a realização de bicos, os quais, por conseguinte, ao invés de diminuir, restariam demasiadamente aumentados no mundo do labor brasileiro.

No campo procedimental, previu a alteração da CLT a necessidade de o empregador convocar o empregado, por qualquer meio eficaz, para a prestação de serviços, informando qual será a jornada. O prazo mínimo de antecedência é de três dias corridos. Uma vez recebida a convocação, terá o obreiro prazo de um dia útil para responder ao chamado, sendo o silêncio presumido como recusa[(260)].

Percebe-se não fazer a legislação referência ao que efetivamente seja uma "comunicação eficaz". Tal fato possui potencial de ensejar prejuízos ao trabalhador, pois este poderá, por exemplo, ter de estar sempre com um celular ou qualquer outro aparelho ligado, tendo maculado o seu direito à desconexão[(261)].

Caso exista a recusa da oferta, tal fato não descaracterizará a subordinação jurídica. Por outro lado, se aceita a oferta, a parte que descumprir injustificadamente o pacto pagará à outra, dentro de trinta dias, multa de 50% (cinquenta por cento) da remuneração que seria devida, permitida a compensação em igual prazo[(262)].

O § 4º do art. 452-A se traduz numa verdadeira cláusula leonina, na qual recebe o empregador dinheiro às custas do hipossuficiente, sem qualquer demonstração de dano ou prejuízo. Por seu turno, o art. 462, § 1º, da CLT[(263)], veda qualquer desconto

(260) Art. 452-A. § 1º O empregador convocará, por qualquer meio de comunicação eficaz, para a prestação de serviços, informando qual será a jornada, com, pelo menos, três dias corridos de antecedência. § 2º Recebida a convocação, o empregado terá o prazo de um dia útil para responder ao chamado, presumindo-se, no silêncio, a recusa. (BRASIL. *Consolidação das Leis do Trabalho*. Disponível em: <http://www.planalto.gov.br/ccivil_03/decreto-lei/Del5452.htm>. Acesso em: 10 maio 2018.)

(261) CAVALCANTE, Rodrigo Arantes; VAL, Renata do. *Reforma trabalhista comentada artigo por artigo:* de acordo com princípios, Constituição Federal e acordos internacionais. São Paulo: LTr, 2017. p. 72.

(262) Art. 452-A. § 3º A recusa da oferta não descaracteriza a subordinação para fins do contrato de trabalho intermitente. § 4º Aceita a oferta para o comparecimento ao trabalho, a parte que descumprir, sem justo motivo, pagará à outra parte, no prazo de trinta dias, multa de 50% (cinquenta por cento) da remuneração que seria devida, permitida a compensação em igual prazo. (BRASIL. *Consolidação das Leis do Trabalho*. Disponível em: <http://www.planalto.gov.br/ccivil_03/decreto-lei/Del5452.htm>. Acesso em: 10 maio 2018.)

(263) Art. 462. Ao empregador é vedado efetuar qualquer desconto nos salários do empregado, salvo quando este resultar de adiantamentos, de dispositivos de lei ou de contrato coletivo. § 1º Em caso de dano causado pelo empregado, o desconto será lícito, desde de que esta possibilidade tenha sido acordada ou na ocorrência de dolo do empregado. (BRASIL. *Consolidação das Leis do Trabalho*. Disponível em: <http://www.planalto.gov.br/ccivil_03/decreto-lei/Del5452.htm>. Acesso em: 10 maio 2018.)

no salário do trabalhador não decorrente de dano ou resultante de adiantamentos de dispositivos de lei ou de norma coletiva. Assim sendo, a interpretação do § 4º citado deve ser feita em consonância com o art. 462 da CLT, ou seja, não pode haver descontos a não ser no caso das exceções legais neste previstas(264).

O lapso temporal no qual não houve labor não será tido como à disposição do empregador, sendo livre o obreiro para prestar serviços para outros contratantes(265). No particular, andou bem a lei, pois não existe razão plausível para se impedir possa o trabalhador arranjar outra ocupação profissional quando não laborando para o seu contratante. Dispositivo em contrário resultaria numa inaceitável restrição da liberdade obreira frontalmente contrária à dignidade dos trabalhadores.

Foi previsto um pagamento para os obreiros intermitentes ao final de cada período de prestação de labor. No caso, fará jus o empregado ao pagamento imediato da remuneração, das férias proporcionais com acréscimo de um terço, do décimo terceiro salário proporcional, do repouso semanal remunerado e de outros adicionais legais eventualmente devidos. Dito pagamento será efetuado mediante recibo onde serão discriminados os títulos e valores pagos(266).

Não obstante, este rol de parcelas mostra-se de caráter meramente exemplificativo, pois, dependendo do caso concreto, pode o mesmo ser acrescido de outras verbas, como direitos previstos em pactos coletivos(267).

Quanto ao recolhimento de contribuições previdenciárias e aos depósitos do Fundo de Garantia do Tempo de Serviço, estes terão por base o montante pago no período mensal, devendo o empregador fornecer ao obreiro comprovante relativo ao adimplemento destas obrigações(268).

---

(264) OLIVEIRA, Francisco Antônio de. *Reforma trabalhista:* comentários à Lei n. 13.467, de julho de 2017. São Paulo: LTr, 2017. p. 53.

(265) Art. 452-A § 5º O período de inatividade não será considerado tempo à disposição do empregador, podendo o trabalhador prestar serviços a outros contratantes. (BRASIL. *Consolidação das Leis do Trabalho*. Disponível em: <http://www.planalto.gov.br/ccivil_03/decreto-lei/Del5452.htm>. Acesso em: 10 maio 2018.)

(266) Art. 452-A § 6º Ao final de cada período de prestação de serviço, o empregado receberá o pagamento imediato das seguintes parcelas: I — remuneração; II — férias proporcionais com acréscimo de um terço; III — décimo terceiro salário proporcional; IV — repouso semanal remunerado; e V — adicionais legais. § 7º O recibo de pagamento deverá conter a discriminação dos valores pagos relativos a cada uma das parcelas referidas no § 6º deste artigo. (BRASIL. *Consolidação das Leis do Trabalho*. Disponível em: <http://www.planalto.gov.br/ccivil_03/decreto-lei/Del5452.htm>. Acesso em: 10 maio 2018.)

(267) DELGADO, Mauricio Godinho. *Curso de direito do trabalho*. 17. ed. São Paulo, LTr, 2018. p. 669.

(268) Art. 452-A § 8º O empregador efetuará o recolhimento da contribuição previdenciária e o depósito do Fundo de Garantia do Tempo de Serviço, na forma da lei, com base nos valores pagos no período mensal e fornecerá ao empregado comprovante do cumprimento dessas

Acerca do gozo do direito às férias, este é adquirido a cada doze meses, período no qual não poderá o empregado ser convocado para prestar serviços pelo mesmo empregador(269).

Por todo o anteriormente exposto, constata-se inscrever-se o novo contrato de trabalho intermitente entre as mais disruptivas inovações da denominada reforma trabalhista. Este criou modalidade de contratação de trabalhadores, via CLT, sem diversas das proteções, vantagens e garantias estruturadas pelo Direito do Trabalho. Este pacto formalístico busca afastar ou restringir as garantias conferidas pela ordem jurídica à jornada de trabalho e, do mesmo modo, ao salário, colocando o trabalhador em situação de profunda insegurança, seja quanto à efetiva duração do trabalho, seja quanto à sua efetiva remuneração(270).

Por outro lado, a rigorosa correlação fixada entre o estrito trabalho prestado e o estrito salário devido permite eliminar, ou, pelo menos, restringir diversas parcelas e garantias inerentes à contratação empregatícia padrão, como o tempo à disposição, intervalos intra e interjornadas, descansos semanais remunerados, descansos em feriados. A par disso, o pacto acaba por instigar o empregador a não preencher, com o seu empregado intermitente, a duração padrão diária, semanal e mensal do contrato (oito horas ao dia, 44 horas na semana, 220 horas no mês — neste caso, já considerados os repousos semanais remunerados), tornando, com essa estratégia, muito mais desvalorizado, precário e barato mesmo o trabalho humano(271).

Dentro deste universo, embora a fórmula montada seja uma prova da essencialidade do trabalho empregatício para o funcionamento estrutural do sistema capitalista, busca a mesma simultaneamente permitir o manejo da relação de emprego sem grande parte das conquistas civilizatórias alcançadas pelo Direito do Trabalho(272).

Nesta linha, constata-se que a lei portuguesa concede mais direitos ao empregado contratado por pacto de labor intermitente se comparada com a brasileira. Naquela há previsão de um tempo mínimo de trabalho por ano, havendo também restrição quanto a quais empresas podem firmar esta espécie de pacto, mantendo o empregado direito à percepção de parte da remuneração na inatividade.

---

obrigações. (BRASIL. *Consolidação das Leis do Trabalho*. Disponível em: <http://www.planalto.gov.br/ccivil_03/decreto-lei/Del5452.htm>. Acesso em: 10 maio 2018.)

(269) Art. 452-A § 9º A cada doze meses, o empregado adquire direito a usufruir, nos doze meses subsequentes, um mês de férias, período no qual não poderá ser convocado para prestar serviços pelo mesmo empregador. (BRASIL. *Consolidação das Leis do Trabalho*. Disponível em: <http://www.planalto.gov.br/ccivil_03/decreto-lei/Del5452.htm>. Acesso em: 10 maio 2018.)

(270) DELGADO, Mauricio Godinho. *Curso de direito do trabalho*. 17. ed. rev., atual. e ampl. São Paulo: LTr, 2018. p. 668.

(271) DELGADO, Mauricio Godinho. *Curso de direito do trabalho*. 17. ed. rev., atual. e ampl. São Paulo: LTr, 2018. p. 668.

(272) DELGADO, Mauricio Godinho. *Curso de direito do trabalho*. 17. ed. rev., atual. e ampl. São Paulo: LTr, 2018. p. 668.

3.3.3. Trabalho zero hora inglês e descontínuo espanhol

O contrato de trabalho intermitente na Espanha denomina-se "contrato descontínuo", sendo ele um tipo de pacto de prazo indeterminado, o qual se realiza de modo cíclico. Ele se distingue dos contratos eventuais pela incerteza ou extraordinariedade do serviço que envolve estes pactos eventuais, ou, ainda, os contratos temporários[(273)].

Existem atualmente mais de 200 mil trabalhadores na Espanha contratados sob esta espécie pactual e exercendo seu mister em postos de trabalho descontínuos, vale dizer, os quais não existem durante todo o ano, como hospedagens em locais de Veraneio[(274)].

Diz-nos Colnago[(275)], citando o próprio governo Espanhol, que:

> Os espanhóis apontam a segurança de serem chamados a cada vez que a atividade volte a existir como vantagem desse tipo de contrato para o trabalhador. Essas convocações ocorrem por ordem de antiguidade do trabalhador, podendo nos meses ou períodos de inatividade terem outro emprego ou ocupação. Para as empresas essa seria uma modalidade vantajosa na medida em que o empresário tem a certeza de uma turma fixa e já treinada de empregados para seus períodos sazonais. E, para se evitar a fraude há o contrato escrito, distinguindo-se a modalidade do contrato temporário, porque esse serve para um evento incerto, enquanto o contrato fixo descontínuo somente é celebrado para meses daquela atividade econômica, se o evento é certo e o contrato é temporário há a caracterização de fraude.[(276)]

O contrato de trabalho intermitente é regulado pelo Estatuto dos Trabalhadores da Espanha. Segundo as regras legais, este pacto "permanente de prazo fixo"[(277)]

---

(273) COLNAGO, Lorena de Mello Resende. Trabalho intermitente — trabalho "zero hora" — trabalho fixo descontínuo. *Revista LTr*, São Paulo, set. 2017.

(274) Cf. SALINAS, Mariano. *El contrato del verano: el fijo discontinuo*. CEREM — Escuela Associada a la Universidad Rey Ruan Carlos. Disponível em: <https://www.cerem.es/blog/el-contrato-del-vera-no-el-fijo-discontinuo>. Acesso em: ago. 2017 *apud* COLNAGO, Lorena de Mello Resende. Trabalho intermitente — trabalho "zero hora" — trabalho fixo descontínuo. *Revista LTr*, São Paulo, p. 1086, set. 2017.

(275) GOBIERNO DE ESPANHA. *Ministerio de Empleo y Seguridad Social*. Guía Laboral: Los contratos de trabajo: modalidades e incentivos. Disponível em: <http://www.empleo.gob.es/es/Guia/texto/ guia_5/contenidos/guia_5_12_1.htm>. Acesso em: set. 2017.

(276) COLNAGO, Lorena de Mello Resende. Trabalho intermitente — trabalho "zero hora" — trabalho fixo descontínuo. *Revista LTr*, São Paulo, p. 1086, set. 2017.

(277) Artículo 16 — por tiempo indefinido fijo-discontinuo. (GOBIERNO DE ESPANHA. Agencia Estatal Boletín Oficial del Estado [ES]. Real Decreto Legislativo n. 2/2015, de 23 de octubre, por el que se aprueba el texto refundido de la Ley del Estatuto de los Trabajadores.

concerne a trabalhos com caráter descontínuo e não repetidos em datas certas, dentro do volume usual de atividade da empresa. No caso de trabalhos descontínuos que se repitam em certas datas, é aplicável o regulamento do contrato a tempo parcial celebrado por tempo indeterminado[278].

A convocação dos trabalhadores descontínuos fixos será realizada na ordem e forma postas em pactos coletivos concernentes, sendo permitido ao trabalhador, caso descumprida a obrigação patronal no particular, solicitar um procedimento de demissão perante a jurisdição social[279].

Trata-se de um contrato formal, necessariamente escrito e de acordo com modelo estabelecido, onde deve ser incluída, entre outros elementos, uma indicação da duração estimada da atividade, bem como a forma e a ordem de recurso estabelecida pela convenção coletiva aplicável[280].

Quando as peculiaridades da atividade do setor o justificarem, os pactos coletivos poderão dispor sobre a celebração a tempo parcial dos contratos descontínuos fixos, bem como os requisitos e especialidades para a conversão de contratos temporários em contratos "fixos — descontinuados"[281].

Última actualización publicada el 13.5.2017. Disponível em: <https://www.boe.es/buscar/act.php?id=BOE-A-2015-11430>. Acesso em: 2 dez. 2017.)

(278) Artículo 16 — 1. El contrato por tiempo indefinido fijo-discontinuo se concertará para realizar trabajos que tengan el carácter de fijos-discontinuos y no se repitan en fechas ciertas, dentro del volumen normal de actividad de la empresa. A los supuestos de trabajos discontinuos que se repitan en fechas ciertas les será de aplicación la regulación del contrato a tiempo parcial celebrado por tiempo indefinido. (GOBIERNO DE ESPANHA. Agencia Estatal *Boletín Oficial del Estado* [ES]. Real Decreto Legislativo n. 2/2015, de 23 de octubre, por el que se aprueba el texto refundido de la Ley del Estatuto de los Trabajadores. *Última actualización publicada el 13.5.2017*. Disponível em: <https://www.boe.es/buscar/act.php?id=BOE-A-2015-11430>. Acesso em: 2 dez. 2017.)

(279) Artículo 16 — 2. Los trabajadores fijos-discontinuos serán llamados en el orden y la forma que se determine en los respectivos convenios colectivos, pudiendo el trabajador, en caso de incumplimiento, reclamar en procedimiento de despido ante la jurisdicción social, iniciándose el plazo para ello desde el momento en que tuviese conocimiento de la falta de convocatoria. (GOBIERNO DE ESPANHA. Agencia Estatal Boletín Oficial del Estado [ES]. Real Decreto Legislativo n. 2/2015, de 23 de octubre, por el que se aprueba el texto refundido de la Ley del Estatuto de los Trabajadores. *Última actualización publicada el 13.5.2017*. Disponível em: <https://www.boe.es/buscar/act.php?id=BOE-A-2015-11430>. Acesso em: 2 dez. 2017.)

(280) Artículo 16 — 3. Este contrato se deberá formalizar necesariamente por escrito en el modelo que se establezca y en él deberá figurar una indicación sobre la duración estimada de la actividad, así como sobre la forma y orden de llamamiento que establezca el convenio colectivo aplicable, haciendo constar igualmente, de manera orientativa, la jornada laboral estimada y su distribución horaria... (GOBIERNO DE ESPANHA. Agencia Estatal Boletín Oficial del Estado [ES]. Real Decreto Legislativo n. 2/2015, de 23 de octubre, por el que se aprueba el texto refundido de la Ley del Estatuto de los Trabajadores. *Última actualización publicada el 13.5.2017*. Disponível em: <https://www.boe.es/buscar/act.php?id=BOE-A-2015-11430>. Acesso em: 2 dez. 2017.)

(281) Artículo 16 — 4. Los convenios colectivos de ámbito sectorial podrán acordar, cuando las peculiaridades de la actividad del sector así lo justifiquen, la celebración a tiempo parcial

Por seu turno, no Reino Unido, o pacto laboral intermitente é denominado de Trabalho "Zero Horas", nos termos do art. 27-A do *Employment Rights Act* de 1996 da Inglaterra. Este contrato possui como características inexistência de garantia de prestação de serviços e recebimento de salário(282). Esclarece-nos Colnago que:

> O contrato a zero hora no Reino Unido é aquele que impõe a disponibilidade do trabalhador 24 horas por dia, outorgando as cláusulas e condições contratuais ao empregador, deixando o empregado em uma situação muito vulnerável e instável, pois o empregado pode ficar por vários dias sem ser convocado e receber salário, e a empresa sequer necessitará despedi-lo. Por outro lado, trabalhadores da saúde argumentam que esse é um excelente tipo de contrato para aqueles que pretendem ingressar no mercado de trabalho, pois podem significar um sinônimo de liberdade e bom rendimento, pois a solução permite a continuidade dos estudos.(283)

As estatísticas sobre o uso de contratos *Zero-Hours* não causavam preocupação até recentemente. No último trimestre de 2012, por exemplo, apenas uma pequena porcentagem da mão de obra (0,8%) detinha aquela espécie contratual. No caso, a maioria das pessoas envolvidas nesses contratos diziam não querer trabalhar em horas adicionais e que não estavam buscando ativamente um outro emprego. Porém, números posteriores, de outubro a dezembro de 2013, demonstram ter o montante mais que dobrado, com um aumento de 250.000 para 583.000 trabalhadores(284).

Os dados mencionados são corroborados por Sahuquillo. O autor informa que há quatro anos, efetivamente, menos de 1% dos trabalhadores ingleses afirmava ter como fonte única de rendimentos o contrato de zero horas. Todavia, nos dias

---

de los contratos fijos-discontinuos, así como los requisitos y especialidades para la conversión de contratos temporales en contratos fijos-discontinuos. (GOBIERNO DE ESPANHA. Agencia Estatal Boletín Oficial del Estado [ES]. Real Decreto Legislativo 2/2015, de 23 de octubre, por el que se aprueba el texto refundido de la Ley del Estatuto de los Trabajadores. *Última actualización publicada el 13.5.2017*. Disponível em: <https://www.boe.es/buscar/act.php?id=BOE-A-2015-11430>. Acesso em: 2 dez. 2017.)

(282) HIGA, Flávio da Costa. Reforma trabalhista e contrato de trabalho intermitente. *Consultor Jurídico*, opinião, 8 de junho de 2017. Disponível em: <http://www.conjur.com.br/2017-jun-08/flavio-higa-reforma-trabalhista-contrato-trabalho-intermitente#_ftn13>. Acesso em: set. 2017 *apud* COLNAGO, Lorena de Mello Resende. Trabalho intermitente — trabalho "zero hora" — trabalho fixo descontínuo. *Revista LTr*, São Paulo, p. 1087, set. 2017.

(283) COLNAGO, Lorena de Mello Resende. Trabalho intermitente — trabalho "zero hora" — trabalho fixo descontínuo. *Revista LTr*, São Paulo, p. 1087-1088, set. 2017.

(284) PRASSL, Jeremias; ADAMS, Abi; FREEDLAND, Mark. The "zero-hours contract": regulating casual work, or legitimating precarity? In: EUROPEAN LABOUR LAW NETWORK — *Working Paper Series* 5, Oxford, p. 10, 2015. Disponível em: <file:///C:/Users/DELL/Downloads/PRASSL-_10_03_2015_final.pdf>. Acesso em: 16 maio 2018.

atuais, este número já representa 2,3% da força de trabalho da Inglaterra, vale dizer, cerca de 700.000 trabalhadores. Normalmente, estes obreiros são mulheres, jovens com menos de 25 anos e idosos com mais de 65 anos, de acordo com o Escritório Nacional de Estatísticas da Inglaterra (ONS). A remuneração média destes empregados é de 7 libras por hora (enquanto o salário mínimo inglês é de 6,50 libras) e a duração da jornada média semanal é de 25 horas[(285)].

Como menciona Prassl, desde o início de 2013, os contratos Zero Horas tornaram-se uma das questões de direito do trabalho mais importantes no Reino Unido, com frequentes relatos da mídia sobre o uso abusivo de tal pactuação. Embora haja defensores do instituto, alegando ser ele uma forma de aumentar as oportunidades de contratação de empregados, minimizando os abusos e estabelecendo padrões que protegem indivíduos, talvez o rótulo *Zero-Hours Contract* não sirva mais do que uma abreviação conveniente para mascarar o crescimento explosivo de trabalho precário para uma força de trabalho altamente fragmentada. Assim, qualquer tentativa de regulamentação dos contratos de horas zero deve, portanto, ser abordada cautelosamente, para não se tornar meramente um exercício de normalização da ampla gama de arranjos de trabalho precário[(286)].

Na realidade, o trabalho "zero horas" não é um fenômeno novo na Inglaterra, sendo parte de uma tendência muito maior de flexibilidade numérica, particularmente acentuada na década de 1980. Prassl constata o fato de litígios decorrentes do uso de pactos semelhantes, para permitir aos empregadores flexibilidade e possibilidade de evitar a aplicação da proteção estatutária, poderem ser encontrados há quase quarenta anos. Cita o autor o exemplo de um empacotador postal que só comparecia ao trabalho de acordo com a necessidade expressa pelos empregadores[(287)].

Também, na doutrina, houve grande discussão acerca desta modalidade contratual, tendo merecido a mesma menção explícita no *New Labour's 1998 White Paper* sobre "Equidade no Trabalho", talvez em resposta a um dos primeiros

---

(285) SAHUQUILLO, Maíra R. Trabalhadores ultraflexíveis. *El País*. Disponível em: <https://brasil.elpais.com/brasil/2015/05/01/internacional/1430504838_853098.html>. Acesso em: set. 2017 *apud* COLNAGO, Lorena de Mello Resende. Trabalho intermitente — trabalho "zero hora" — trabalho fixo descontínuo. *Revista LTr*, São Paulo, p. 1087-1088, set. 2017.

(286) PRASSL, Jeremias; ADAMS, Abi; FREEDLAND, Mark. The "zero-hours contract": regulating casual work, or legitimating precarity? In: EUROPEAN LABOUR LAW NETWORK — *Working Paper Series* 5, Oxford, p. 2, 2015. Disponível em: <file:///C:/Users/DELL/Downloads/PRASSL-_10_03_2015_final.pdf >. Acesso em: 16 maio 2018.

(287) PRASSL, Jeremias; ADAMS, Abi; FREEDLAND, Mark. The "zero-hours contract": regulating casual work, or legitimating precarity? In: EUROPEAN LABOUR LAW NETWORK — *Working Paper Series* 5, Oxford, p. 6, 2015. Disponível em: <file:///C:/Users/DELL/Downloads/PRASSL-_10_03_2015_final.pdf >. Acesso em: 16 maio 2018.

exemplos de controvérsia pública, quando a empresa Burger King passou a pagar à equipe apenas pelo tempo gasto efetivamente no atendimento aos clientes em meados da década de 1990[(288)].

Mostra-se importante constatar que o rótulo "Contrato Zero-Horas" não pode ser entendido como representativo de uma categoria específica de trabalho precário. Existe, na realidade, uma heterogeneidade no campo deste trabalho, sendo os pactos concernentes, por conseguinte, representativos de vários graus de fragmentação do labor. Em vez de formar uma categoria unitária, eles representam algumas das possíveis variações de emprego, indo desde "vínculos desejados, bem pagas e seguras", à "vulneráveis" ou de "trabalho deficiente"[(289)].

Não há uma definição legal do que seja esta espécie de pacto na Inglaterra, não obstante, pode o mesmo ser entendido como o contrato pelo qual o empregador não garante ao indivíduo qualquer trabalho, e este indivíduo não é obrigado a aceitar qualquer trabalho oferecido. A execução técnica de tais disposições pode ser ilustrada por um exemplo específico de uma cláusula existente em pacto zero horas, a qual não garante um número fixo de horas de trabalho por semana: "A Empresa não tem obrigação de fornecer trabalho para você em qualquer momento e você não tem obrigação de aceitar qualquer trabalho oferecido pela Empresa a qualquer momento"[(290)].

Analisando a classificação inglesa dos trabalhadores, Plassl constata que o papel desempenhado pelo requisito de reciprocidade de obrigações é essencial para se entender ser ou não o obreiro autônomo. No caso *Nethermere v. Gardiner*, Dillon LJ resumiu a jurisprudência anterior e sugeriu a existência de uma condição *sine qua non* para a existência de um pacto empregatício. Esta é a presença de obrigações mútuas para o empregador fornecer trabalho para o empregado e para o empregado realizar trabalho para o empregador. Se tal reciprocidade não estiver presente, então ou não haverá nenhum contrato, ou existirá apenas um contrato de prestação de serviços, mas não um contrato de emprego[(291)].

---

(288) PRASSL, Jeremias; ADAMS, Abi; FREEDLAND, Mark. The "zero-hours contract": regulating casual work, or legitimating precarity? In: EUROPEAN LABOUR LAW NETWORK — *Working Paper Series* 5, Oxford, p. 6-7, 2015. Disponível em: <file:///C:/Users/DELL/Downloads/PRASSL-_10_03_2015_final.pdf >. Acesso em: 16 maio 2018.

(289) PRASSL, Jeremias; ADAMS, Abi; FREEDLAND, Mark. The "zero-hours contract": regulating casual work, or legitimating precarity? In: EUROPEAN LABOUR LAW NETWORK — *Working Paper Series* 5, Oxford, p. 7-8, 2015. Disponível em: <file:///C:/Users/DELL/Downloads/PRASSL-_10_03_2015_final.pdf>. Acesso em: 16 maio 2018.

(290) PRASSL, Jeremias; ADAMS, Abi; FREEDLAND, Mark. The "zero-hours contract": regulating casual work, or legitimating precarity? In: EUROPEAN LABOUR LAW NETWORK — *Working Paper Series* 5, Oxford, p. 8-9, 2015. Disponível em: <file:///C:/Users/DELL/Downloads/PRASSL-_10_03_2015_final.pdf>. Acesso em: 16 maio 2018.

(291) PRASSL, Jeremias; ADAMS, Abi; FREEDLAND, Mark. The "zero-hours contract": regulating casual work, or legitimating precarity? In: EUROPEAN LABOUR LAW NETWORK

No caso, a mutualidade de obrigações parece ser fundamental para a classificação do contrato zero horas como contrato estatutariamente protegido de emprego ou serviço. Nesta linha de raciocínio, ante a falta de obrigação recíproca, poderia ser enquadrado aquele pacto nesta última categoria.

Mostra-se preocupante o perigo inerente à normalização e legitimação do Contrato *Zero Hours*. Porém, como bem ressaltado por Prassl, a proibição desta espécie contratual é igualmente problemática, pois a simplicidade contratual do arranjo deste tipo de pacto desafiou até mesmo a habilidade dos desenhistas estatutários em inventar alguma forma de restrição[(292)].

A questão da mobilidade atual da mão de obra, assim como da efemeridade da duração dos pactos de labor, acaba por ensejar o surgimento de contratos como o *zero hours*. No mundo líquido do trabalho, há muito espaço para pactos rápidos e sem maiores compromissos, notadamente em campos como o teletrabalho transnacional, onde a execução contratual muitas vezes requer uma maior liberdade das partes.

A precarização da vida profissional é um grande problema na Grã-Bretanha hoje (como, ademais, no resto do globo), sendo o contrato zero horas apenas sua forma mais extrema. Ele decorre de uma lei disfuncional de emprego e do fim da rede de segurança social prevista em lei antigamente. Para Prassl, a essência de qualquer movimento para restaurar a coerência no particular consiste no fim desta norma e na adoção de um controle mínimo de padrões de trabalho. Indubitavelmente, esta é uma questão que traz grandes dificuldades, não só por aspectos técnicos de engenharia jurídica, mas, também, por causa da força da percepção inerente às liberdades para oferecer e aceitar ocasionalmente trabalhos de compromissos de curtíssimo prazo[(293)].

No entanto, apesar disto, como indicado por Prassl, estes Contratos de Zero Horas também precisam ser acompanhados por controle concreto de padrões trabalhistas mínimos[(294)].

— *Working Paper Series* 5, Oxford, p. 14, 2015. Disponível em: <file:///C:/Users/DELL/Downloads/PRASSL-_10_03_2015_final.pdf>. Acesso em: 16 maio 2018.

(292) PRASSL, Jeremias; ADAMS, Abi; FREEDLAND, Mark. The "zero-hours contract": regulating casual work, or legitimating precarity? In: EUROPEAN LABOUR LAW NETWORK — *Working Paper Series* 5, Oxford, p. 25-26, 2015. Disponível em: <file:///C:/Users/DELL/Downloads/PRASSL-_10_03_2015_final.pdf>. Acesso em: 16 maio 2018.

(293) PRASSL, Jeremias; ADAMS, Abi; FREEDLAND, Mark. The "zero-hours contract": regulating casual work, or legitimating precarity? In: EUROPEAN LABOUR LAW NETWORK — *Working Paper Series* 5, Oxford, p. 25-26, 2015. Disponível em: <file:///C:/Users/DELL/Downloads/PRASSL-_10_03_2015_final.pdf>. Acesso em: 16 maio 2018.

(294) PRASSL, Jeremias; ADAMS, Abi; FREEDLAND, Mark. The "zero-hours contract": regulating casual work, or legitimating precarity? In: EUROPEAN LABOUR LAW NETWORK

Temos ser esta questão do Contrato *Zero Hours* muito próxima à da regulamentação do teletrabalho transnacional, a qual também necessita fornecer aos obreiros um mínimo de proteção que consiga preservar a dignidade dos trabalhadores.

Fazendo uma análise das duas espécies contratuais apreciadas, na forma supramencionada, tem-se que o contrato espanhol traz um certo grau de proteção ao trabalhador, notadamente no que concerne à restrição das possibilidades de contratação de empregados na modalidade intermitente, reduzida a trabalhos com caráter descontínuo e não repetidos em datas certas, dentro do volume usual de atividade da empresa, sendo aproximado ao sistema português.

Já o sistema inglês guarda semelhanças com o brasileiro, sendo aberto e sem maiores restrições à adoção do pacto intermitente, restando os empregados praticamente sem qualquer direito durante o período de inatividade.

Estas reformas espanhola e inglesa tiveram como inspiração o conceito de "flexissegurança" da Diretiva n. 21 da União Europeia. Não obstante, o que se encontra nesses países é a redução paulatina das taxas de desemprego com uma vertiginosa queda da qualidade de vida de seus cidadãos[(295)].

Para melhor analisarmos esta situação, mostra-se salutar entendermos o conceito de Flexissegurança.

3.3.4. Flexissegurança

Nos anos 1970 do século XX, teve início a denominada "crise do Direito do Trabalho". Desde então, assiste-se ao crescimento de críticas ao "monolitismo", ao "garantismo" e à "rigidez" das normas trabalhistas, sendo estas acusadas de irracionalidade em termos de regulamentação e de produzirem consequências danosas, criando mais problemas que soluções, especialmente no campo econômico e no plano da gestão empresarial, sendo responsáveis pelas elevadas taxas de desemprego[(296)].

Dentro destas críticas, a flexibilização das regras laborais foi tida, sobretudo, como um instrumento ao serviço da promoção do emprego e do investimento, como variável da política econômica. Neste universo, o Direito do Trabalho parece

— *Working Paper Series* 5, Oxford, p. 26, 2015. Disponível em: <file:///C:/Users/DELL/Downloads/PRASSL-_10_03_2015_final.pdf>. Acesso em: 16 maio 2018.

(295) COLNAGO, Lorena de Mello Resende. Trabalho intermitente — trabalho "zero hora" — trabalho fixo descontínuo. *Revista LTr*, São Paulo, p. 1090, set. 2017.

(296) AMADO, João Leal. Perspectivas do direito do trabalho: um ramo em crise identitária? *Revista do Tribunal Regional do Trabalho da 15ª Região*, n. 47, Campinas, p. 183, 2015. Disponível em: <https://juslaboris.tst.jus.br/handle/20.500.12178/100764>. Acesso em: 11 maio 2018.

estar atravessando desde o último quartel do século XX uma profunda crise de identidade, com a sua axiologia própria (centrada em valores como a igualdade, a dignidade e a solidariedade) sendo abertamente questionada, chegando-se a se falar numa autêntica "colonização economicista" deste ramo do ordenamento jurídico[(297)].

Como dito por Fernandes, em Portugal, a tendência de flexibilização ganhou força em 1989/1991, quando surgiram os primeiros afloramentos de uma política legislativa descompressora do espaço de manobra dos empregadores na organização e direção do trabalho. Desenhou-se à época uma mudança de percurso na evolução do direito do trabalho português sob a inspiração de um neoliberalismo político-econômico cuja voga não deixou de aumentar. As ideias-força que imprimiram essa reorientação foram justamente as de flexibilização e adaptabilidade das condições de uso da força de trabalho[(298)].

O caminho da redução de vantagens econômicas para os trabalhadores surge, de forma quase invariável, na primeira linha dos recursos para a resolução de dificuldades econômicas e sociais[(299)].

---

(297) AMADO, João Leal. Perspectivas do direito do trabalho: um ramo em crise identitária? *Revista do Tribunal Regional do Trabalho da 15ª Região,* n. 47, Campinas, p. 183, 2015. Disponível em: <https://juslaboris.tst.jus.br/handle/20.500.12178/100764>. Acesso em: 11 maio 2018.

(298) FERNANDES, António Monteiro. *Direito do trabalho*. 15. ed. Coimbra: Almedina, 2010. p. 44.

(299) Fernandes mostra que o caminho da flexibilização até hoje é trilhado em Portugal. Diz o autor que: "A revisão das leis laborais — no sentido da sua 'flexibilização', isto é, no sentido da rarefacção dos dispositivos limitadores do poder de decisão de quem chefia ou gere as organizações, e também no sentido do seu 'embaratecimento', ou seja, da redução de vantagens económicas para os trabalhadores — surge, assim, invariavelmente, na primeira linha dos recursos para a resolução de dificuldades económicas e sociais. Elas são, de resto, propiciadas por vários factores convergentes: o império absoluto da análise liberal da economia, a crise endémica do emprego (acentuada pelo fenómeno do 'crescimento sem emprego'), o correlativo enfraquecimento da acção sindical, a existência de disfuncionalidades inegáveis nos sistemas clássicos de direito do trabalho — e, enfim, uma crise económica e financeira generalizada, que parece capaz de todos os usos legitimadores. A Lei n. 23/2012, de 25 de junho, provém de uma proposta cuja exposição de motivos lembrava que o Programa do XIX Governo Constitucional 'concretiza... um conjunto de medidas dirigidas ao bem-estar das pessoas e à competitividade das empresas e da economia portuguesa', sustentando que isso exige 'uma legislação laboral flexível, concentrada na protecção do trabalhador, e não do posto de trabalho, no quadro de um modelo de flexissegurança, que fomente a economia e a criação de emprego e que vise combater a segmentação crescente do mercado de trabalho'. Um pouco mais adiante, reclamava-se 'uma legislação que contribua, de facto, para o aumento da produtividade e da competitividade da economia nacional, e que concretize a necessária aproximação do enquadramento jurídico vigente em países congéneres, nomeadamente no contexto do mercado comum europeu'". (FERNANDES, António Monteiro. A "reforma laboral" de 2012: Observações em torno da Lei n. 23/2012. *Revista O Tempo de Trabalho: Jurisdição do Trabalho e da Empresa,* Lisboa: Centro de Estudos Judiciários. Disponível em: <file:///C:/Users/fabarbosa/Downloads/o_tempo_de_trabalho.pdf>. Acesso em: 11 maio 2018.)

Para Amado, a flexibilidade concerne realmente a uma "palavra mágica, encantatória", pois "flexível" significa maleável, ágil, suave, vocábulos estes que emitem sinais positivos. Algo flexível mostra-se oposto ao rígido, e o que é rígido é mau, o que é rígido parte-se. Não obstante, "flexível" igualmente pode significar algo dócil, complacente, submisso. Neste sentido, flexível opõe-se a firme, e o que é firme é bom, o que é firme não se dobra. "Na verdade, entre a maleabilidade e a docilidade vai uma distância não despicienda. Tal como entre a suavidade e a complacência. Tal como, afinal, entre a rigidez e a firmeza"(300).

Assim sendo, grande parte da polêmica em torno do termo "flexibilidade" repousa na polissemia do mesmo, na diversidade de suas acepções, as quais nem sempre são positivas. Deve-se supor não ser desejo de ninguém a existência de um Direito do Trabalho rígido e áspero. Não obstante, parece ser aspiração de alguns um direito laboral "mole e condescendente". Porém, um Direito do Trabalho renovado e flexível não poderá deixar de ser jamais uma legislação robusta e vigorosa(301).

Em crítica direta à flexibilização, Tridico cita que:

> A flexibilização do trabalho não trouxe as vantagens esperadas. Ao contrário, contribuiu com o declínio da economia italiana. Deixou bem claro uma forte diminuição do nível da demanda agregada causada por uma restrição dramática do consumo, por sua vez causada pela sensível redução da quota salarial decorrente da marcante diminuição do salário indireto, isto é, a despesa pública, em particular nas dimensões sociais, do aumento da desigualdade e da pressão sobre o trabalho e sobre salários causada pela forte flexibilização do trabalho e da consequente criação de postos de trabalho precários.(302)

De qualquer maneira, parece transparente o fato de hodiernamente a flexibilidade do mercado de trabalho constituir-se num verdadeiro objetivo onipresente

---

(300) AMADO, João Leal. Perspectivas do direito do trabalho: um ramo em crise identitária? *Revista do Tribunal Regional do Trabalho da 15ª Região,* n. 47, Campinas, p. 184, 2015. Disponível em: <https://juslaboris.tst.jus.br/handle/20.500.12178/100764>. Acesso em: 11 maio 2018.

(301) DEL PUNTA, Riccardo. L'economia e le ragioni del diritto del lavoro. *Giornale di Diritto del Lavoro e di Relazioni Industriali,* n. 89, 2001 *apud* AMADO, João Leal. Perspectivas do direito do trabalho: um ramo em crise identitária? *Revista do Tribunal Regional do Trabalho da 15ª Região,* n. 47, Campinas, p. 184-185, 2015. Disponível em: <https://juslaboris.tst.jus.br/handle/20.500.12178/100764>. Acesso em: 11 maio 2018.

(302) TRIDICO, Pasquale. *Riforme del mercato del lavoro, occupazione e produttivita:* un confronto tra Italia e Europa. Disponível em: <http://host.uniroma3.it/centri/jeanmonnet/pdf/Contributo%20Tridico%20Sindacalismo%20n.28.pdf.>. Acesso em: 27 jul. 2017, *apud* GOMES, Dinaura Godinho Pimentel. Defesa e aprimoramento progressivo dos direitos fundamentais sociais: proibição de retrocesso social por meio de reformas trabalhistas. In: MARTINS, Juliana Caravieri; BARBOSA, Magno Luiz; MONTAL, Zélia Maria Cardoso (orgs.). *Reforma trabalhista em debate:* individual, coletivo e processual do trabalho. São Paulo: LTr, 2017. p. 35.

e incontornável, consubstanciando-se num valor sociologicamente pós-industrial e culturalmente pós-moderno[(303)].

Ramalho menciona que, para se fazer frente aos efeitos maléficos decorrentes da flexibilização, a exemplo de precárias condições de trabalho e falta de segurança, a Comissão Europeia e os parceiros sociais comunitários criaram novas estratégias a fim de contorná-los[(304)].

Neste campo, surgiu a chamada flexissegurança, a qual se assentaria numa espécie de "triângulo mágico" de políticas de articulação e compatibilização entre:

> a) flexibilidade acrescida em matéria de contratações e despedimentos (flexibilidade contratual, "de entrada e de saída");
>
> b) proteção social adequada no desemprego;
>
> c) políticas ativas de formação, qualificação e emprego, tornando possível uma rápida e "indolor" transição entre diversos empregos.[(305)]

Contata-se que a União Europeia, ao versar acerca dos princípios orientadores da flexissegurança, adotou o posicionamento quanto a ser o instituto um contraponto entre a flexibilidade dos trabalhadores (enquanto adaptação destes às evoluções no mercado de trabalho) e a segurança aos empregados (no sentido destes possuírem condições de desenvolvimento profissional e de progressão na carreira, garantindo-lhes, também, apoio durante os períodos de inatividade)[(306)].

---

(303) Amado comenta estas linhas dizendo que, "a este propósito, vale a pena consultar o documento do Conselho de Ministros da União Europeia, de 5 de dezembro de 2007, intitulado Definição de princípios comuns de flexissegurança na União Europeia. Aí se identificam oito princípios comuns de flexissegurança, lendo-se no ponto 1 que a flexissegurança é um meio para "criar mais e melhores empregos, modernizar os mercados de trabalho e promover o trabalho de qualidade por meio de novas formas de flexibilidade e segurança para aumentar a adaptabilidade, o emprego e a coesão social", acrescentando o ponto 2 que 'a flexissegurança implica a conjugação deliberada de mecanismos contratuais flexíveis e fiáveis, estratégias abrangentes de aprendizagem ao longo da vida, políticas activas e eficazes para o mercado de trabalho, e sistemas de protecção social modernos, adequados e sustentáveis'". (AMADO, João Leal. Perspectivas do direito do trabalho: um ramo em crise identitária? *Revista do Tribunal Regional do Trabalho da 15ª Região,* n. 47, Campinas, p. 184, 2015. Disponível em: <https://juslaboris.tst.jus.br/handle/20.500.12178/100764>. Acesso em: 11 maio 2018.)

(304) RAMALHO, Maria do Rosário Palma. *Tratado de direito do trabalho*. Coimbra: Almedina, 2012. p. 78.

(305) AMADO, João Leal. Perspectivas do direito do trabalho: um ramo em crise identitária? *Revista do Tribunal Regional do Trabalho da 15ª Região,* n. 47, Campinas, p. 184-185, 2015. Disponível em: <https://juslaboris.tst.jus.br/handle/20.500.12178/100764>. Acesso em: 11 maio 2018.

(306) MAIA, Gabriela Soares Pommot. *A relação dos contratos de trabalho atípicos com a flexibilização do direito do trabalho:* uma perspectiva luso-brasileira. Dissertação de mestrado, na área de especialização em ciências jurídico-empresariais/menção em direito laboral. Orientador Professor

Os princípios da União Europeia a serem adotados pelos Estados-membros para a adaptação das estratégias de flexissegurança são, em linhas gerais, os seguintes:

> a) aprofundar a aplicação da Estratégia de Lisboa para melhorar o emprego e a coesão social na UE;
>
> b) procurar um equilíbrio entre os direitos e as responsabilidades dos empregadores, dos trabalhadores, das pessoas à procura de emprego e dos poderes públicos;
>
> c) adaptar o princípio de flexissegurança à situação de cada Estado-membro;
>
> d) apoiar e proteger os trabalhadores em período de transição ou de inatividade, com vista à sua integração no mercado de trabalho ou para os acompanhar no acesso a disposições contratuais estáveis;
>
> e) desenvolver a flexissegurança dentro da empresa e a flexigurança externa entre várias empresas, de forma a apoiar as progressões na carreira; promover a igualdade entre homens e mulheres, bem como a igualdade de oportunidades para todos;
>
> f) favorecer a colaboração entre os parceiros sociais, os poderes públicos e os outros intervenientes;
>
> g) distribuição equitativa dos custos orçamentários e dos benefícios das políticas de flexissegurança, nomeadamente entre empresas, indivíduos e orçamentos públicos, com uma atenção especial para as PME.[307]

Dalegrave Neto explica que pretende o instituto flexibilizar as relações de trabalho combinando-as com segurança, procurando modernizar o Direito do Trabalho para o século XXI. Nesta linha, a flexigurança se consubstanciaria numa nova via, situada entre o modelo americano de total desregulamentação e o de

---

Doutor João Carlos Conceição Leal Amado. Coimbra: Universidade de Coimbra, 2015. Disponível em: <https://eg.uc.pt/bitstream/10316/34742/1/A%20relacao%20dos%20contratos%20de%20trabalho%20atipicos%20com%20a%20flexibilizacao%20do%20direito%20do%20trabalho%20uma%20perspectiva%20luso-brasileira.pdf>. Acesso em: 11 maio 2018.

(307) MAIA, Gabriela Soares Pommot. *A relação dos contratos de trabalho atípicos com a flexibilização do direito do trabalho:* uma perspectiva luso-brasileira. Dissertação de mestrado, na área de especialização em ciências jurídico-empresariais/menção em direito laboral. Orientador Professor Doutor João Carlos Conceição Leal Amado. Coimbra: Universidade de Coimbra, 2015. Disponível em: <https://eg.uc.pt/bitstream/10316/34742/1/A%20relacao%20dos%20contratos%20de%20trabalho%20atipicos%20com%20a%20flexibilizacao%20do%20direito%20do%20trabalho%20uma%20perspectiva%20luso-brasileira.pdf>. Acesso em: 11 maio 2018.

regulamentação protetiva do emprego surgida no modelo de Constitucionalização dos Direitos Sociais, iniciado pela Constituição mexicana de 1917[(308)].

Para Lemos, o objetivo do instituto é se chegar a uma nova abordagem da flexibilidade por meio de três preceitos:

> a) capacitação do trabalhador durante a vida;
>
> b) criação de políticas incentivadoras da busca de nova recolocação no mercado dos desempregados;
>
> c) criação de regras mais flexíveis na área de segurança social com a finalidade de atender às necessidades dos trabalhadores que mudam de emprego ou provisoriamente o perdem.[(309)]

Ramalho diz que a ideia da flexissegurança não é conter a evolução flexibilizante dos regimes laborais, mas, na realidade, "(...) contornar os efeitos perversos da flexibilização por meio do aumento da tutela dos trabalhadores nas situações de desemprego involuntário e de um maior investimento na formação e qualificação dos trabalhadores"[(310)].

O Livro Verde sobre as relações laborais tem a flexissegurança como uma estratégia política destinada a, por um lado, aumentar a flexibilidade dos mercados de trabalho, da organização do trabalho e das relações de trabalho e, por outro, ampliar quer a segurança de emprego, quer a segurança social, especialmente para os grupos fracos dentro e fora dos mercados de labor[(311)].

Dallegrave Neto cita que a:

> Ideia atualmente debatida por todos os Ministros do Emprego que integram a União Europeia, a flexissegurança (ou "*flexiseguridad*" ou "*flexicurity*" ou "flexissegurança") pretende conciliar dois valores sensivelmente antagônicos, quais sejam, a flexibilidade do mercado de trabalho e a segurança dos trabalhadores contra o desemprego que amarga o número de 16 milhões de trabalhadores europeus no fechamento do

(308) DALLEGRAVE NETO, José Affonso. Flexissegurança nas relações de trabalho. Que bicho é esse? *Revista Trabalhista,* Rio de Janeiro, v. 25, p. 4-5, 2008. Disponível em: <http://www.calvo.pro.br/media/file/colaboradores/jose_affonso_dallegrave_neto/jose_dallegrave_neto_flexiseguranca2.pdf>. Acesso em: 19 dez. 2017.

(309) LEMOS, Luciene Souza Soares de. Flexissegurança: aspectos gerais. *Revista Trabalhista: Direito e Processo,* São Paulo, a. 9, n. 33, p. 146, 2010.

(310) RAMALHO, Maria do Rosário Palma. *Tratado de direito do trabalho.* Coimbra: Almedina, 2012. p. 78.

(311) PORTUGAL. *Livro Verde sobre as Relações Laborais,* ponto 10.3, p. 193, abr. 2006. Disponível em: <file:///C:/Users/fabarbosa/Downloads/livro_verde_2006.pdf>. Acesso em: 11 maio 2018.

> ano de 2007. Nessa direção é o "Livro Verde sobre Relações Laborais da União Europeia", editado em novembro de 2006, que propugna pela "modernização do Direito do Trabalho para fazer frente ao desafio do século XXI". Em igual sentido mencione-se também a Diretiva n. 21 da União Europeia que objetiva "promover a flexibilidade combinada com segurança".[312]

A flexissegurança é, portanto, uma mistura entre flexibilidade e segurança — flexibilidade na relação laboral, no emprego; segurança no mercado de trabalho, no desemprego —, na qual a dita tradicional proteção do emprego/estabilidade do posto de trabalho resta sacrificada em favor da ideia de uma mobilidade protegida/segurança na vida ativa, ou seja, ao invés de tutelar o emprego, promove-se com a flexissegurança a empregabilidade do trabalhador. Dentro de uma sociedade dita líquida, "pós-moderna", dinâmica e altamente volátil, a qual é marcada pelo risco, pela incerteza, pela inconstância e pela instabilidade, "(...) tanto o emprego como o desemprego são, por definição, situações transitórias, devendo a aposta residir no *empowerment* dos indivíduos, em ordem a que estes, sem ansiedades existenciais, possam dar resposta aos desafios emergentes[313].

A inspiração para este modelo veio de países como Dinamarca, Holanda e Suécia. Busca-se, como dito, de um lado, flexibilizar ainda mais a mobilidade do emprego, facilitando as formas de contratação e a dispensa sem ônus e, de outro, compensar os trabalhadores (*trade-off*) via um robusto seguro-desemprego somado a uma rigorosa política de recolocação de trabalho (*outplacement*)[314].

Dentro deste universo, Wilthagen sugere uma nova perspectiva: "em vez de se diminuir a segurança dada aos trabalhadores, é possível encontrar novas formas de proteção e, ao mesmo tempo, dar às empresas mecanismos para enfrentar a competição mundial"[315].

---

(312) DALLEGRAVE NETO, José Affonso. Flexissegurança nas relações de trabalho. Que bicho é esse? *Revista Trabalhista*, Rio de Janeiro, v. 25, p. 49-53, 2008. Disponível em: <http://www.calvo.pro.br/media/file/colaboradores/jose_affonso_dallegrave_neto/jose_dallegrave_neto_flexiseguranca2.pdf>. Acesso em: 19 dez. 2017.

(313) AMADO, João Leal. Perspectivas do direito do trabalho: um ramo em crise identitária? *Revista do Tribunal Regional do Trabalho da 15ª Região*, n. 47, Campinas, p. 185, 2015. Disponível em: <https://juslaboris.tst.jus.br/handle/20.500.12178/100764>. Acesso em: 11 maio 2018.

(314) DALLEGRAVE NETO, José Affonso. Flexissegurança nas relações de trabalho. Que bicho é esse? *Revista Trabalhista*, Rio de Janeiro, v. 25, p. 49-53, 2008. Disponível em: <http://www.calvo.pro.br/media/file/colaboradores/jose_affonso_dallegrave_neto/jose_dallegrave_neto_flexiseguranca2.pdf>. Acesso em: 19 dez. 2017.

(315) NASCIMENTO, Ricardo. *Flexissegurança ou flexibilizar a insegurança*. 2. ed. n. 36. Disponível em: <www.oadvogado.direito*n-line*.com/artigo/artigo.asp?id=36>. Acesso em: 14 maio 2007, *apud* DALLEGRAVE NETO, José Affonso. Flexissegurança nas relações de trabalho. Que bicho é esse? *Revista Trabalhista*, Rio de Janeiro, v. 25, p. 49-53, 2008. Disponível em: <http://

Porém, no particular, o cerne do problema reside na determinação de qual dosagem será tida como a certa de cada um dos elementos que compõem o conceito do instituto em análise, vale dizer, o maior desafio é o de efetuar um *trade-off* adequado entre flexibilidade e segurança, sem, contudo, olvidar que os direitos do mercado, se não forem sustentados por direitos na relação, serão efêmeros, inconsistentes[316].

Gomes também entende a flexissegurança como um produto cultural dos países do norte da Europa, os quais conhecem diferentes modelos dela, razão pela qual a "importação" pode se revelar delicada. Por outro lado, mostra-se um mister reconhecer que a flexissegurança não se reduz a diminuir a tutela do posto de trabalho sem nada dar em troca e sem reforçar significativamente a empregabilidade e a segurança dos trabalhadores nos períodos nos quais se encontrem entre empregos ou até entre carreiras[317].

De qualquer maneira, muitos entendem a flexissegurança como uma receita mágica para o problema do desemprego europeu. Para este modelo, quanto maior for a flexibilidade, maior proteção será dada aos trabalhadores. Analisa-se a experiência de países do norte da Europa, onde se encontra o mais elevado nível de apoio ao desempregado, ao mesmo tempo que se dá aos empregadores mais flexibilidade nos despedimentos[318].

Na engrenagem da flexissegurança, mostra-se importante analisar o papel do Estado, especialmente quando considerado o custo elevado das iniciativas relacionadas com as garantias de emprego em geral, que, para muitos, são responsáveis pela redução da produtividade e pelo custo direto da mão de obra. Braghini destaca o fato de o modelo Dinamarquês de flexissegurança ser sustentado por três pilares:

a) flexibilidade na relação de emprego;

b) sistema generoso de prestações por desemprego;

---

www.calvo.pro.br/media/file/colaboradores/jose_affonso_dallegrave_neto/jose_dallegrave_neto_flexiseguranca2.pdf>. Acesso em: 19 dez. 2017.

(316) AMADO, João Leal. Perspectivas do direito do trabalho: um ramo em crise identitária? *Revista do Tribunal Regional do Trabalho da 15ª Região*, n. 47, Campinas, p. 185, 2015. Disponível em: <https://juslaboris.tst.jus.br/handle/20.500.12178/100764>. Acesso em: 11 maio 2018.

(317) GOMES, Júlio Manoel Vieira. Algumas reflexões sobre as alterações introduzidas no código do trabalho pela Lei n. 23/2012, de 25 de junho. *Revista O Tempo de Trabalho: Jurisdição do Trabalho e da Empresa*, Lisboa. Disponível em: <file:///C:/Users/fabarbosa/Downloads/o_tempo_de_trabalho.pdf>. Acesso em: 11 maio 2018.

(318) NASCIMENTO, Ricardo. *Flexissegurança ou flexibilizar a insegurança?* 2. ed. n. 36. Disponível em: <http://www.calvo.pro.br/media/file/colaboradores/jose_affonso_dallegrave_neto/jose_dallegrave_ neto_flexiseguranca2.pdf>. Acesso em: 19 dez. 2017.

c) nova política de ativação do mercado de trabalho.[319]

Para Romita, a proteção do emprego no caso não fica a cargo da empresa, mas, sim, do Estado, o qual se responsabiliza no particular por meio de um amplo programa de proteção do emprego, capaz de preencher as lacunas do modelo justrabalhista autônomo de flexibilização do mercado de trabalho. Estes programas são alinhados com outros de capacitação profissional que desenvolvam o conceito de empregabilidade — não havendo confusão com meras iniciativas assistencialistas — e relacionados com o amadurecimento do movimento sindical, ora com foco em objetivos mais amplos e de longo prazo, os quais não se confundam com meras campanhas salariais[320].

Gomes critica o instituto, dizendo que, sob o argumento da necessidade de modernização das relações do trabalho e aumento da produtividade das empresas, a *flexicurity* ou flexissegurança sequer tem possibilitado o alcance do desenvolvimento econômico em sintonia com as exigências da competição do mercado globalizado. Não bastasse isto, provoca enfraquecimento dos direitos dos trabalhadores, deteriorando a qualidade dos empregos que restam[321].

Na forma destacada por Andrade, os juristas italianos sabem que a proposta lançada no livro verde da flexisseguranca como alternativa para modernizar o direito laboral e enfrentar os desafios deste século não pode lograr êxito. Isto se dá principalmente porque baseada numa ilusória harmonização a qual viria por meio de uma confluência: patrões, empregados e poderes instituídos, olvidando o surgimento do Direito do Trabalho como fruto da luta operária, sendo esta a sua fonte primordial por excelência[322].

Pelo exposto, a flexissegurança consubstancia-se, na realidade, numa forma de garantir às empresas a possibilidade de fragilizar os direitos dos trabalhadores, com ampla possibilidade de contratação e dispensa. Por outro lado, estes teriam garantidos direitos por meio do Estado, responsável final pela sua manutenção e reciclagem em períodos de inatividade. Por esta lógica, ganharia o Estado com

---

(319) BRAGHINI, Marcelo. *Reforma trabalhista:* flexibilização das normas sociais do trabalho. São Paulo. LTr, 2017. p. 62.

(320) ROMITA, Arion Sayão. *Direitos fundamentais nas relações de trabalho*. São Paulo: LTr, 2014, *apud* BRAGHINI, Marcelo. *Reforma trabalhista:* flexibilização das normas sociais do trabalho. São Paulo: LTr, 2017. p. 62.

(321) GOMES, Dinaura Godinho Pimentel. Defesa e aprimoramento progressivo dos direitos fundamentais sociais: proibição de retrocesso social por meio de reformas trabalhistas. In: MARTINS, Juliana Caravieri; BARBOSA, Magno Luiz; MONTAL, Zélia Maria Cardoso (orgs.). *Reforma trabalhista em debate*: individual, coletivo e processual do trabalho. São Paulo: LTr, 2017. p. 35.

(322) ANDRADE, Everaldo Gaspar Lopes de. *Direito material e processual do trabalho:* uma interlocução entre Brasil e Itália. Organizadores Hugo Cavalcanti Melho Filho; Fábio Petrucci. São Paulo: LTr, 2017. p. 12.

a maior produtividade das empresas, a qual ensejaria condições tributárias para manter os programas trabalhistas.

Imaginar este sistema perfeito para enfrentar as questões trabalhistas da modernidade significa adotar não um sistema intermediário entre o modelo americano, de total desregulamentação, e o de regulamentação protetiva do emprego, mas, sim, um de base liberal, com livre negociação de empregado e empregador e consequente afronta direta ao caráter protetivo do Direito do Trabalho.

No caso, a proteção do empregado viria por meio da ação estatal, a qual mais se aproxima dos princípios da seguridade social, com proteção das pessoas em situação de perigo, desamparo e necessidade, e não do Direito do Trabalho clássico. Não haveria aqui uma legislação protetiva do emprego, mas das pessoas, ficando as relações de labor mais próximas das de caráter civilista, vale dizer, reguladas por regras de direito civil típicas do século XIX, naturalmente não compatíveis com a realidade do século XXI.

Desta feita, o instituto em análise não se mostra como o ideal, porém, pode se configurar em um norte, o qual pode ser seguido. Suas normas podem evoluir para um patamar superior, onde seus salutares princípios de estabilidade possam ser efetivamente aplicados, porém, sem os altos custos estatais hoje demandados, os quais devem ser bancados, ao menos em parte, pelos maiores beneficiários da mão de obra, ou seja, as empresas.

3.3.5. Aspectos legais e constitucionalidade do contrato de trabalho intermitente

Quanto ao contrato de trabalho intermitente, este parece ser um paradigma contratual da flexibilização das normas de trabalho e de sua desregulamentação, não sendo este instituto, por conseguinte, destinado ao bem-estar dos trabalhadores, notadamente se seguirmos as palavras de Bauman, para quem a flexibilização é o nome politicamente correto da frouxidão de caráter[(323)] e a desregulamentação, a palavra símbolo e princípio estratégico consagrado pelos atuais detentores do poder[(324)].

Acerca desta espécie contratual no Brasil, Braghini fala de sua flagrante inconstitucionalidade, notadamente por ferir os princípios da Dignidade da Pessoa Humana, da Função Social da Propriedade e do Valor Social do Trabalho. Não bas-

(323) BAUMAN, Zigmunt. *Capitalismo parasitário*. Trad. Eliana Aguiar. Rio de Janeiro: Zahar, 2010. p. 34.

(324) BAUMAN, Zigmunt. *Comunidade:* a busca por segurança no mundo atual. Trad. Plínio Dentzen. Rio de Janeiro: Zahar, 2003. p. 42.

tassem estas máculas constitucionais, também o contrato em tela se encontra em descompasso com a Declaração Universal dos Direitos Humanos.

Dentro desta mesma concepção da precarização do patamar civilizatório mínimo, a Nota Técnica n. 1, emitida pelo Ministério Público do Trabalho, em 23 de janeiro de 2017, salienta a flagrante inconstitucionalidade da jornada de trabalho intermitente sustentando, na lógica perversa da remuneração atrelada às horas efetivamente trabalhadas, sem qualquer ajuste prévio a respeito do quantitativo prévio de horas a serem cumpridas no mês, dispositivo que denota flagrante inconstitucionalidade diante do comprometimento do "mínimo existencial", levando a quebra de harmonia entre capital e trabalho, reconhecendo este último como um mero insumo produtivo, em total descompasso com a Declaração da Filadélfia adotada pela Organização Internacional do Trabalho em 1944 (após a 2ª Guerra Mundial) que estabelece como princípio institucional no item I, "a": o trabalho não é uma mercadoria.

> Vislumbramos a tentativa de compartilhamento do risco do empreendimento, sem a contrapartida do elemento justificador lucro, violando diversos dispositivos constitucionais, dentre eles: i) art. 1º, inciso III, da CF: dignidade da pessoa humana; ii) art. 1º, IV c/c art. 170, *caput*, da CF: valor social do trabalho; e, iii) art. 170, inciso III, da CF: Função Social da Propriedade.(325) (*sic*)

Como indicado, o contrato de trabalho intermitente, na forma concebida, acabou trazendo uma novidade não só no Brasil, mas, também, para o mundo, à medida que não outorgou qualquer vantagem ao trabalhador a ser concedida no período de afastamento, nem previu qualquer restrição para a adoção desta espécie contratual. Na forma concebida, há claros indícios de inconstitucionalidade, com mácula à dignidade da pessoa humana trabalhadora.

No caso, o Brasil parece ter voltado no tempo dois séculos, integrando o Direito do Trabalho ao Direito Civil. Não obstante, com desvantagens para o primeiro, pois o atual Código Civil privilegia a função social dos contratos e da propriedade, a boa-fé contratual objetiva, a socialidade e a eticidade(326).

A inconstitucionalidade do contrato também é defendida por Aidar.

Assim, temos que, pela regra citada, o empregado pode não receber ou receber remuneração mensal inferior ao mínimo legal, em detrimento do que dispõe o art. 7º, inciso IV, da Constituição da República de 1988, que determina que é di-

---

(325) BRAGHINI, Marcelo. *Reforma trabalhista:* flexibilização das normas sociais do trabalho. São Paulo: LTr, 2017. p. 60-61.

(326) COLNAGO, Lorena de Mello Resende. Trabalho intermitente — trabalho "zero hora" — trabalho fixo descontínuo. *Revista LTr,* São Paulo, p. 1086, set. 2017.

reito dos trabalhadores urbanos e rurais o recebimento de salário não inferior ao mínimo legal[(327)].

Analisando institutos como o sob análise trazidos pela denominada Reforma Trabalhista no Brasil, Sanches diz que:

> É precisamente a partir da racionalidade da Doutrina de Choque que se consegue perceber um governo em busca da legalização de práticas "modernizantes" como o trabalho intermitente, a blindagem do patrimônio de empresas que utilizam de trabalho escravo em cadeias produtivas e a mencionada revogação da indisponibilidade do Direito Social, por sobreposição negocial, ao mesmo tempo em que do lado de fora do Congresso uma multidão apanhava da polícia militar por reclamar eleições diretas em tensão que chegou ao cúmulo de, logo no dia seguinte, ser o exército acionado para garantir a ordem.[(328)] (*sic*)

Na forma destacada, Sanches seguiu a linha de doutrinadores que veem na Lei n. 13.467/2017 um grande retrocesso social/trabalhista no Brasil, especialmente porque, ao menos em tese, não trouxe qualquer vantagem para o trabalhador, mas, apenas, para os empregadores.

Integrando este grupo crítico, Cassar menciona a mácula a princípios do próprio Direito do Trabalho com a adoção de institutos como o contrato intermitente de labor.

O conteúdo da Lei n. 13.467/2017, ao contrário do afirmado pela imprensa, desconstrói o Direito do Trabalho como conhecemos, contraria alguns de seus princípios basilares, suprime regras favoráveis ao trabalhador, prioriza a norma menos favorável ao empregado, a livre autonomia da vontade, o negociado individualmente e coletivamente sobre o legislado (para reduzir direitos trabalhistas), valoriza a imprevisibilidade do trabalho intermitente, a liberdade de ajuste, exclui regras protetoras de direito civil e de processo civil ao direito e processo do trabalho.[(329)]

A criação de uma espécie de pacto como o em análise sem maiores restrições, como ocorrido no Brasil, mostra-se desproporcional, na medida em que, a princípio, em nada beneficia os trabalhadores.

---

(327) AIDAR, Leticia. Trabalho intermitente. In: AIDAR, Letícia; RENZETTI, Rogério; LUCA, Guilherme de (orgs.). *Reforma trabalhista e reflexos no direito e processo do trabalho*. São Paulo: LTr, 2017. p. 147.

(328) SANCHES, Diego Catelan. É tudo uma grande farsa, não é? *Revista LTr*, São Paulo, p. 1.324, nov. 2017.

(329) CASSAR, Vólia Bomfim. A reforma e os princípios do direito do trabalho. In: AIDAR, Letícia; RENZETTI, Rogério; LUCA, Guilherme de (orgs.). *Reforma trabalhista e reflexos no direito e processo do trabalho*. São Paulo: LTr, 2017. p. 55.

O caminho seguido por países como a Espanha, onde há especificação de hipóteses de utilização do pacto de labor intermitente, parece ser menos maléfico aos empregados, porém, ainda assim, longe de lhes ser benéfico.

Manter o contrato intermitente na forma concebida inicialmente, sem qualquer vantagem clara para os empregados, foge do princípio protetivo do Direito do Trabalho, demandando o instituto, por conseguinte, mudanças, as quais tragam equilíbrio para as relações de emprego, a exemplo da proteção do empregado quando dos períodos de inatividade. Caso contrário, com manutenção inalterada do instituto, teremos um pacto exclusivamente vinculado à flexibilização das normas trabalhistas e condizente com os ditames do Direito do Trabalho Líquido.

3.3.6. A *gig economy* e o trabalho intermitente

O trabalho desenvolvido sob a égide do contrato de trabalho intermitente guarda grande proximidade com o desenvolvido dentro da *gig economy*. Cassar analisa aquela forma contratual como:

> A criação de mais uma espécie de contrato de trabalho sob a denominação "contrato intermitente" visou, na verdade, autorizar a jornada móvel variada e o trabalho variável ("bico"), isto é, a imprevisibilidade da prestação de serviços, ferindo de morte os princípios da segurança jurídica e a proteção ao trabalhador. O art. 452-A da CLT só atende aos interesses dos empresários e não dos trabalhadores.
>
> De acordo com os arts. 2º e 3º da CLT, é o empregador quem corre os riscos da atividade empresarial. Os dois artigos (art. 443 e art. 452-A) pretendem repassar ao trabalhador os riscos inerentes ao empreendimento, o que não é possível nas relações de emprego. Ademais, o contrato intermitente importa renúncia ao art. 4º, *caput* da CLT, que garante aos empregados que o tempo à disposição aguardando ordens do patrão é tempo de serviço efetivo e, portanto, computado no tempo de trabalho.[330]

Já Delgado assevera buscar o contrato intermitente romper com dois conceitos essenciais para o Direito do Trabalho o relacionado à noção de duração de jornada e de salário, dizendo que:

(330) CASSAR, Vólia Bomfim. A reforma e os princípios do direito do trabalho. In: AIDAR, Letícia; RENZETTI, Rogério; LUCA, Guilherme de (orgs.). *Reforma trabalhista e reflexos no direito e processo do trabalho*. São Paulo: LTr, 2017. p. 62.

> O contrato de trabalho intermitente, nos moldes em que foi proposto pela Lei da Reforma Trabalhista caso lidas, em sua literalidade, as regras impostas por esse diploma legal, busca romper com dois direitos e garantias justrabalhistas importantes, que são da estrutura central do Direito do Trabalho: a noção de duração do trabalho (e de jornada) e a noção de salário.

A noção de duração de trabalho envolve o tempo de disponibilidade do empregado em face de seu empregador, prestando serviços efetivos ou não (*caput* do art. 4º da CLT). A Lei n. 13.467/2017, entretanto, ladinamente, tenta criar conceito novo: a realidade do tempo à disposição do empregador, porém, sem os efeitos jurídicos do tempo à disposição.

Igualmente, a noção de salário sofre tentativa de desestruturação pela Lei da Reforma Trabalhista: conceituado como a parcela contraprestativa devida e paga pelo empregador a seu empregado em virtude da existência do contrato de trabalho, a verba salarial pode ser por unidade de tempo (salário mensal fixo — o tipo mais comum de salário), por unidade de obra (salário mensal variável, em face de certa produção realizada pelo obreiro), ou por critério misto (denominado salário-tarefa, que envolve as duas fórmulas de cálculo)[(331)].

O pacto em análise busca criar uma espécie de contrato de trabalho sem salário constante, apenas presente quando o trabalhador for convocado para o labor, pois ele terá o seu pagamento devido na estrita medida desse mourejo ocasional[(332)].

Realizando-se uma interpretação lógico-racional, sistemática e teleológica do contrato intermitente, tem-se que os seus preceitos legais criaram uma modalidade de salário por unidade de obra ou, pelo menos, de salário-tarefa calculado em função da produção do trabalhador no respectivo mês. Esta produção é estimada pelo número de horas nas quais se colocou o obreiro, efetivamente, à disposição do empregador, segundo convocação feita por esse empregador[(333)].

Isto posto, como dito, a espécie contratual em análise parece ser a que mais se aproxima com o labor desenvolvido na *gig economy*. Na realidade, considerando seu caráter relativamente novo (no Brasil, inclusive, apenas foi adotado em 2017 pela Lei n. 13.467/2017[(334)]), parece ter sido o mesmo formado exatamente para

---

(331) DELGADO, Mauricio Godinho; DELGADO, Gabriela Neves. *A reforma trabalhista no Brasil*. São Paulo: LTr, 2017. p. 154-155.
(332) DELGADO, Mauricio Godinho; DELGADO, Gabriela Neves. *A reforma trabalhista no Brasil*. São Paulo: LTr, 2017.
(333) DELGADO, Mauricio Godinho; DELGADO, Gabriela Neves. *A reforma trabalhista no Brasil*. São Paulo: LTr, 2017. p. 155.
(334) BRASIL. Disponível em: <http://www.planalto.gov.br/ccivil_03/_ato2015-2018/2017/lei/L13467.htm>. Acesso em: 22 dez. 2017.

o tipo de relação trabalhista existente naquela, abarcando suas peculiaridades e flexibilizando regras antes peremptórias, a exemplo da exigência da não eventualidade para formação do vínculo de emprego.

Como já aventado, Braghini constata a existência de aproximação entre o Contrato de Trabalho Intermitente e o desenvolvido na *gig economy*, notadamente ante a inexistência de uma regularidade na prestação de serviços, com pagamento direto por horas de trabalho executadas em períodos diferentes do ano, inexistindo a obrigação de continuidade na atividade laboral[(335)].

No Brasil, no contrato intermitente, ao final de cada período contratado, há o pagamento de quase todas as verbas laborais. Dispõe o § 6º do art. 452-A da CLT, que serão pagas ao empregado ao final de cada período de labor no pacto intermitente as seguintes verbas: remuneração, férias proporcionais com acréscimo de um terço, décimo terceiro salário proporcional, repouso semanal remunerado, e adicionais legais[(336)].

Destarte, há pagamento mesmo de verbas que não se venceram ainda e deveriam ser pagas em um período específico, como o 13º salário, cujo pagamento de metade do valor pode ocorrer entre fevereiro e novembro de cada ano, e a outra metade apenas em dezembro[(337)], assim como das férias de forma proporcional, as quais são pagas desta maneira apenas quando do fim efetivo do contrato de trabalho antes do término do período de aquisição do direito, o qual, no Brasil, é de um ano[(338)].

Assim sendo, tem-se aqui uma verdadeira novidade, com o fim de um período de labor ensejando o pagamento de verbas múltiplas, de forma semelhante ao fim definitivo do contrato, tal qual ocorre na *gig economy*, em que o pagamento é

---

(335) BRAGHINI, Marcelo. *Reforma trabalhista:* flexibilização das normas sociais do trabalho. São Paulo: LTr, 2017.

(336) CLT, art. 452-A, § 6º Ao final de cada período de prestação de serviço, o empregado receberá o pagamento imediato das seguintes parcelas: I — remuneração; II — férias proporcionais com acréscimo de um terço; III — décimo terceiro salário proporcional; IV — repouso semanal remunerado; e V — adicionais legais. (BRASIL. Disponível em: <http://www.planalto.gov.br/ccivil_03/_ato2015-2018/2017/lei/L13467.htm>. Acesso em: 22 dez. 2017.)

(337) Lei n. 4.749.1965. Art. 1º A gratificação salarial instituída pela Lei n. 4.090, de 13 de julho de 1962, será paga pelo empregador até o dia 20 de dezembro de cada ano, compensada a importância que, a título de adiantamento, o empregado houver recebido na forma do artigo seguinte. Art. 2º Entre os meses de fevereiro e novembro de cada ano, o empregador pagará, como adiantamento da gratificação referida no artigo precedente, de uma só vez, metade do salário recebido pelo respectivo empregado no mês anterior. (BRASIL. Disponível em: <http://www.normaslegais.com.br/legislacao/trabalhista/lei4749.htm>. Acesso em: 22 dez. 2017.)

(338) Art. 134. As férias serão concedidas por ato do empregador, em um só período, nos 12 (doze) meses subsequentes à data em que o empregado tiver adquirido o direito. (BRASIL. Disponível em: <http://www.planalto.gov.br/ccivil_03/decreto-lei/Del5452.htm>. Acesso em: 22 dez. 2017.)

feito ao final de cada tarefa, não mais restando nenhum débito patronal (ao menos em tese).

Mesmo tendo-se em mente legislações como a de Portugal, onde há a exigência de um tempo mínimo de trabalho ou salários a serem pagos nos períodos de inatividade, vantagens inexistentes na *gig economy*, ainda assim o labor nela desenvolvido pode ser enquadrado como intermitente, pois tais direitos visam resguardar os trabalhadores, não podendo ser interpretados como impeditivos dos mesmos (no caso, obstativo do reconhecimento de vínculo de emprego na *gig economy*), pois, se assim fosse feito, haveria aqui um desvio teleológico da norma, prejudicando as pessoas por ela protegidas, num caminho contrário ao princípio da proteção reinante do Direito do Trabalho.

Tal qual no trabalho a tempo parcial, na realidade, se entendermos o trabalhador *gig* um trabalhador intermitente, as regras protetivas citadas, se não aplicadas pelas empresas, ensejariam punição destas, por descumprimento de determinações laborais legisladas. Entendê-las proibitivas do reconhecimento em tela seria punir o empregado sem falta sua comprovada, caminho igualmente contrário aos princípios da ciência jurídica laboral.

A aproximação do contrato intermitente com os firmados na *gig economy* resta clara também nas palavras de Cassar[(339)], pois nos dois casos há a transferência dos riscos da atividade econômica para o trabalhador, na medida em que este apenas moureja quando o mercado de trabalho demandar seu produto, o qual é oferecido por um terceiro. O contratante, tanto na *gig economy* como no contrato intermitente, é demandado por um cliente e apenas aí o trabalhador é chamado para realizar seu mourejo, ficando este, desta forma, à mercê do mercado de trabalho e de suas exigências, assumindo, na prática, os riscos da atividade econômica.

Por outro lado, e também seguindo as palavras de Cassar[(340)] quanto ao contrato intermitente, este serve para regulamentar o "bico", expressão popular no Brasil relativa à designação de um serviço eventual realizado além do habitual. Se analisarmos o anteriormente aventado quanto à empresa Uber, teremos que isto também ocorre nos seus contratos, notadamente porque, em tese, fica o trabalhador livre para fazer outras atividades, laborando para a mesma apenas de forma eventual.

Apesar disso, o monitoramento eletrônico pela empresa acaba moldando o labor destes trabalhadores, sendo o mesmo controlado. Há incentivo do aplicativo para os motoristas aceitarem todas as corridas e permanecerem o maior tempo

---

(339) CASSAR, Vólia Bomfim. A reforma e os princípios do direito do trabalho. In: AIDAR, Letícia; RENZETTI, Rogério; LUCA, Guilherme de (orgs.). *Reforma trabalhista e reflexos no direito e processo do trabalho*. São Paulo: LTr, 2017. p. 62.

(340) CASSAR, Vólia Bomfim. A reforma e os princípios do direito do trabalho. In: AIDAR, Letícia; RENZETTI, Rogério; LUCA, Guilherme de (orgs.). *Reforma trabalhista e reflexos no direito e processo do trabalho*. São Paulo: LTr, 2017. p. 62.

possível trabalhando, notadamente porque, caso haja rejeição reiterada de viagens, corre o risco o trabalhador de ser desligado do sistema do aplicativo, ou pelo menos suspenso[(341)].

Dessarte, o "bico" da atividade do Uber acaba sendo um pacto de labor efetivo, inclusive com fiscalização e punição, sendo idêntico ao "bico" regulamentado pelo contrato intermitente.

Como asseverado por Delgado[(342)], no Brasil, o pacto de labor intermitente cria um novo conceito de disponibilização de mão de obra do trabalhador em prol do empregador, onde aquela ocorre sem os seus efeitos, especialmente os concernentes à obrigatoriedade patronal de manter o pagamento desta disponibilização mesmo quando não há labor efetivo, da mesma forma que as remunerações decorrentes do labor na *gig economy*.

O salário é conceituado como a parcela contraprestativa devida e paga pelo empregador a seu empregado em decorrência da simples existência do contrato de trabalho. Pode o mesmo ser quitado por unidade de tempo, de obra ou por critério misto (denominado salário-tarefa, a qual envolve as duas fórmulas de cálculo)[(343)]. No contrato intermitente, há uma reestruturação destes conceitos, na medida em que cria espécie de contrato de trabalho sem salário constante, apenas presente quando o trabalhador for convocado para o labor, tendo ele o seu pagamento devido na estrita medida desse mourejo ocasional[(344)]. Na *gig economy*, os pagamentos ocorrem seguindo esta mesma lógica, tomando lugar quando há o trabalho efetivo, o qual acontece ocasionalmente.

Fazendo uma interpretação lógico-racional, sistemática e teleológica dos pagamentos ocorridos no contrato intermitente[(345)] e dos valores pagos na *gig economy*, constata-se que em ambos os casos há uma modalidade de salário por unidade de obra ou, pelo menos, de salário-tarefa calculado em função da produção do trabalhador no respectivo período. A produção, nos dois casos, é estimada pelo número de horas ou tarefas em que se colocou o obreiro, efetivamente, à disposição do empregador, segundo convocação feita por este.

---

(341) KALIL, Renan Bernardi. Direito do trabalho e economia de compartilhamento: primeiras considerações. In: LEME, Ana Carolina Reis Paes; RODRIGUES, Bruno Alves; CHAVES JÚNIOR, José Eduardo de Resende (orgs.). *Tecnologias disruptivas e a exploração do trabalho humano*. São Paulo: LTr, 2017.

(342) DELGADO, Mauricio Godinho; DELGADO, Gabriela Neves. *A reforma trabalhista no Brasil*. São Paulo: LTr, 2017. p. 154-155.

(343) DELGADO, Mauricio Godinho; DELGADO, Gabriela Neves. *A reforma trabalhista no Brasil*. São Paulo: LTr, 2017. p. 154-155.

(344) DELGADO, Mauricio Godinho; DELGADO, Gabriela Neves. *A reforma trabalhista no Brasil*. São Paulo: LTr, 2017.

(345) DELGADO, Mauricio Godinho; DELGADO, Gabriela Neves. *A reforma trabalhista no Brasil*. São Paulo: LTr, 2017. p. 155.

Ante o exposto, tem-se que a aplicação do contrato intermitente abarca também os trabalhadores da *gig economy*, pois semelhantes as formas de trabalho, de pagamento e de fiscalização patronal. Pequenas diferenças práticas, como as vantagens daqueles durante o período de inatividade na lei portuguesa, as quais são inadimplidas na *gig economy*, decorrem basicamente de atitudes empresariais descumprindo determinações legais, não influenciando na essência daquela espécie contratual. Essencialmente, os trabalhadores envolvidos em ambos os casos exercem labor da mesma forma, portanto, se enquadram na mesma figura contratual, a do trabalhador intermitente.

Conclusões

O Direito do Trabalho foi concebido noutra época para lidar com uma realidade a qual, hoje, mostra-se finda ou em fins de extinção. Na fábrica de estilo fordista, havia uma separação clara entre projeto e execução, iniciativa e atendimento a comandos, liberdade e obediência, invenção e determinação. Contudo, na sociedade atual, ocorreram grandes transformações nas formas de produção, as quais ensejaram o nascimento de uma nova economia, ligada intimamente com a adoção de novas estruturas organizacionais amparadas nas Novas Tecnologias e Informação e Comunicação.

A nova economia corresponde a uma Revolução Industrial, a quarta delas, estágio pelo qual atravessamos. Dentro dela, há uma combinação de tecnologias avançadas, as quais têm capacidade de aprimorar a indústria, aumentando sua produtividade, assim como oferecer uma enorme economia de tempo, redução de custos, maior eficiência no uso de recursos e controle de qualidade.

As novidades tecnológicas trouxeram no seu bojo à *gig economy*, cujas plataformas são definidas como digitais. Esta economia "*gig*" envolve duas principais formas de trabalho: o *crowdwork* e o trabalho *on-demand* por meio de aplicativos, nela havendo contratos de caráter, em tese, não empregatícios.

Não obstante, as particularidades inerentes à *gig economy* ensejam uma releitura de alguns dos elementos clássicos da relação de emprego, levando até mesmo à desconstrução de tipos tradicionais manejados pelo ordenamento laboral. A dinâmica única desta espécie de labor e a inter-relação entre as partes dificultam a aplicação dos critérios tradicionais para identificação da natureza jurídica da relação, pois aqueles ainda estão vinculadas ao modelo de produção fordista.

Na *gig economy*, o nível de subordinação presente talvez não seja entendido suficiente para reconhecimento de um contrato de emprego sob a égide da ótica do trabalho tradicional. Não obstante, o elemento em tela necessita ser avaliado de outra forma, levando em conta a presença da direção remota do trabalho, de padrões comportamentais, incentivos, punições e metas impostos pela empresa, além da existência de uma remuneração acordada a ser paga por tarefa realizada.

Seguindo esta linha argumentativa, podemos fazer uma aproximação dos elementos do labor via *crowdwork* com o terceirizado, pois em ambos os casos existe a intermediação de mão de obra para realizar tarefas que poderiam ser realizadas por empregados contratados diretamente pelo utilizador/tomador dos serviços, a exemplo do desenvolvimento de uma pesquisa ou projeto para melhorar os produtos da empresa. Da mesma forma que um obreiro terceirizado, o envolvido no *crowdwork* é contratado por uma determinada empresa para prestar serviços a um terceiro, o qual paga para aquela que, por sua vez, repassa parte deste valor para o trabalhador, apenas o fazendo sob outra denominação (salário para o trabalhador terceirizado e comissão, por exemplo, para o trabalhador do *crowdwork*).

Inevitável também a aproximação dos trabalhadores da *gig economy* com os contratados a tempo parcial, pois em ambos os casos a contratação do obreiro é feita para que este desenvolva seu mourejo em um lapso temporal incompleto se cotejado com a maioria dos demais pactos empregatícios, sendo o trabalho realizado por um período específico de tempo. Apesar de não existir uma predeterminação de horas a serem mourejadas na *gig economy*, faz parte da própria essência dos contratos de labor nela existentes a duração parcial das jornadas, não havendo uma continuidade, podendo ser sua extensão contada em horas, dias, semanas ou meses.

Por outro lado, também parece surgir clara a aproximação dos pactos da *gig economy* com os firmados sob a forma intermitente, pois esta espécie contratual cria um tipo de contrato de trabalho sem salário constante, apenas presente de forma plena quando o trabalhador for convocado para o labor, pois ele terá o seu pagamento devido na estrita medida desse mourejo ocasional. Tais elementos estão presentes nos pactos da *gig economy*.

Tanto no Contrato de Trabalho Intermitente como no desenvolvido na *gig economy*, não há regularidade na prestação de serviços, com pagamento direto por horas de trabalho executadas em períodos diferentes do ano, inexistindo a obrigação de continuidade na atividade laboral.

Merece destaque o fato de empresas como a Uber adotar o monitoramento eletrônico dos trabalhadores, incentivo para estes aceitarem todas as corridas e permanecerem o maior tempo possível trabalhando, além de submissão dos obreiros à avaliação dos clientes, com risco de desligamento do sistema em caso de insuficiência de resultados, restando claro, por conseguinte, a presença de elementos tipificadores da existência de subordinação jurídica e de um pacto empregatício.

Pelo exposto, e tendo também como norte o fato de os trabalhadores inseridos na *gig economy* laborarem de forma remota via meios telemáticos, sendo, por conseguinte, teletrabalhadores, constatamos a necessidade de enxergar a realidade daqueles sob novos ângulos, os quais possam permitir a efetiva proteção dos obreiros dentro de um padrão mínimo de razoabilidade, trazendo, assim, equilíbrio para as relações firmadas neste campo da nova economia.

Referências Bibliográficas

ABRANTES, José João. O direito laboral face aos novos modelos de prestação do trabalho. In: MOREIRA, António (coord.). *IV Congresso Nacional de Direito do Trabalho*, Coimbra: Almedina, p. 84-86, 2002.

AGUIAR, Antonio Carlos. *Direito do trabalho 2.0:* digital e disruptivo. São Paulo: LTr, 2018.

AIDAR, Leticia. Trabalho intermitente. In: AIDAR, Letícia; RENZETTI, Rogério; LUCA, Guilherme de (orgs.). *Reforma trabalhista e reflexos no direito e processo do trabalho*. São Paulo: LTr, 2017.

ALVES, Rubens Valtecides. O teletrabalho como mote de flexibilização da relação empregatícia clássica no Brasil. In: MARTINS, Juliane Caravieri; BARBOSA, Magno Luiz; MONTAL, Zélia Maria Cardoso (orgs.). *Reforma trabalhista em debate:* direito individual, coletivo e processual do trabalho. São Paulo: LTr, 2017.

AMADO, João Leal. *Contrato de trabalho:* noções básicas. Coimbra: Coimbra, 2015.

______. *Dinâmica das relações de trabalho nas situações de crise (em torno da flexibilização das regras laborais*. 2009. Disponível em: <http://www.stj.pt/nsrepo/cont/coloquios/Interven%C3%A7%C3%A3o%20Professor%20Leal%20Amado.pdf>. Acesso em: 20 fev. 2018.

______. Perspectivas do direito do trabalho: um ramo em crise identitária? *Revista do Tribunal Regional do Trabalho da 15ª Região,* n. 47, Campinas, p. 183, 2015. Disponível em: <https://juslaboris.tst.jus.br/handle/20.500.12178/100764>. Acesso em: 11 maio 2018.

AMORIM, Jorge Eduardo Braz de. A "indústria 4.0" e a sustentabilidade do modelo de financiamento do regime geral da segurança social. *Cadernos de Dereito Actual*, n. 5, 2017.

ANDRADE, Daniela Rafael de; DANTAS, Rodolfo Lima. Uber: a oportunidade dos sonhos ou o pesadelo do direito do trabalho. In: FARIA, Fernanda Nigri *et al.* (coord.). *Direito do trabalho e direito processual do trabalho:* estudos avançados. São Paulo: LTr, 2017.

ANDRADE, Everaldo Gaspar Lopes de. *Direito material e processual do trabalho:* uma interlocução entre Brasil e Itália. Organizadores Hugo Cavalcanti Melho Filho; Fábio Petrucci. São Paulo: LTr, 2017.

APESP. Associação Portuguesa das Empresas do Setor Privado de Emprego e de Recursos Humanos. Disponível em: <http://apesperh.pt/>. Acesso em: 14 out. 2017.

ARAÚJO, Miguel Jorge Silvério Pires de Abreu. *Trabalho a tempo parcial e com horário flexível:* limitações na legislação portuguesa dos direitos dos idosos. Disponível em: <http://www.cielolaboral.com/wp-content/uploads/2016/08/silverio_noticias_cielo_n7_2016.pdf>. Acesso em: 20 dez. 2017.

ARAÚJO, Wanessa Mendes. Reflexões sobre a subordinação jurídica na era da economia sob demanda. In: LEME, Ana Carolina Reis Paes; RODRIGUES, Bruno Alves; CHAVES JÚNIOR, José Eduardo de Resende (orgs.). *Tecnologias disruptivas e a exploração do trabalho humano.* São Paulo: LTr, 2017.

BARROS, Sávyo. *Terceirização de mão de obra:* estudo comparado Brasil e Portugal. Orientação Barbosa Júnior, Francisco de Assis. Campina Grande: Biblioteca Unifacisa, 2017.

BAUMAN, Zigmunt. *Capitalismo parasitário.* Trad. Eliana Aguiar. Rio de Janeiro: Zahar, 2010.

______. *Comunidade:* a busca por segurança no mundo atual. Trad. Plínio Dentzen. Rio de Janeiro: Zahar, 2003.

______. *Modernidade líquida.* Rio de Janeiro: Zahar, 2001.

BENEVOLO, Leonardo. *História da cidade.* 6. ed. São Paulo: Perspectiva, 2015.

BRAGHINI, Marcelo. *Reforma trabalhista:* flexibilização das normas sociais do trabalho. São Paulo: LTr, 2017.

BRASIL. *Código de Defesa do Consumidor do Brasil.* Disponível em: <http://www.planalto.gov.br/ccivil_03/leis/L8078.htm>. Acesso em: 2 nov. 2017.

______. *Consolidação das Leis do Trabalho.* Disponível em: <http://www.planalto.gov.br/ccivil_03/_ato2015-2018/2017/lei/L13467.htm>. Acesso em: 22 dez. 2017.

______. *Constituição Federal.* Disponível em: <http://www.planalto.gov.br/ccivil_03/constituicao/constituicaocompilado.htm>. Acesso em: 10 maio 2018.

______. *Lei n. 4.749/1965.* Disponível em: <http://www.normaslegais.com.br/legislacao/trabalhista/lei4749.htm>. Acesso em: 22 dez. 2017.

______. *Lei n. 6.019/1974.* Disponível em: <http://www.planalto.gov.br/ccivil_03/Leis/L6019.htm>. Acesso em: 22 dez. 2018.

______. *Lei n. 7.102/1983.* Disponível em: <http://www.planalto.gov.br/ccivil_03/LEIS/L7102.htm>. Acesso em: 22 dez. 2018.

______. *Lei n. 13.429/2017.* Disponível em: <http://www.planalto.gov.br/ccivil_03/_ato2015-2018/2017/lei/L13429.htm>. Acesso em: 22 dez. 2017.

______. *Lei n. 13.467/2017.* Disponível em: <http://www.planalto.gov.br/ccivil_03/_ato2015-2018/2017/lei/L13467.htm>. Acesso em: 22 dez. 2017.

CANALTECH. Disponível em: <https://canaltech.com.br/mercado/nova-york-aprova-lei-inedita-de-salario-minimo-para-motoristas-do-uber-e-lyft-128365/>. Acesso em: 29 dez. 2018.

CASSAR, Vólia Bomfim. A reforma e os princípios do direito do trabalho. In: AIDAR, Letícia; RENZETTI, Rogério; LUCA, Guilherme de (orgs.). *Reforma trabalhista e reflexos no direito e processo do trabalho.* São Paulo: LTr, 2017.

CASTELO, Jorge Pinheiro. *O direito do trabalho líquido:* o negociado sobre o legislado, a terceirização e o contrato de curto prazo na sociedade da modernidade líquida. São Paulo: LTr, 2017.

CAVALCANTE, Rodrigo Arantes; VAL, Renata do. *Reforma trabalhista comentada artigo por artigo:* de acordo com princípios, Constituição Federal e acordos internacionais. São Paulo: LTr, 2017.

CAZA, Brianna; VOUGH, Heather C.; MOSS, Sherry the hardest thing about working in the *gig economy*? Forging a cohesive sense of self. *Harvard Business Review Digital Articles*, p. 1-5, 10.27.2017. Base de dados: Business Source Premier.

CHAVES, Letícia Righi Rodrigues de Xavier. Informe sobre ações envolvendo a UBER no direito comparado. In: LEME, Ana Carolina Reis Paes; RODRIGUES, Bruno Alves; CHAVES JÚNIOR, José Eduardo de Resende (orgs.). *Tecnologias disruptivas e a exploração do trabalho humano*. São Paulo: LTr, 2017.

CHAVES JÚNIOR, José Eduardo de Resende. O direito do trabalho pós-material: o trabalho da multidão produtora. In: LEME, Ana Carolina Reis Paes; RODRIGUES, Bruno Alves; CHAVES JÚNIOR, José Eduardo de Resende (orgs.). *Tecnologias disruptivas e a exploração do trabalho humano*. São Paulo: LTr, 2017.

______. Processo em meio reticular-eletrônico: constitucionalismo dialógico e democracia hiper-real, no contexto dos megadados. In: D'AMBROSO, Marcelo José Ferlin (coord.). *Direito do trabalho, direito penal do trabalho, direito processual do trabalho e a reforma trabalhista (Lei n. 13.467/2017):* Ipeatra. São Paulo: LTr, 2017.

______. O direito do trabalho pós-material: o trabalho da multidão produtora. In: LEME, Ana Carolina Reis Paes; RODRIGUES, Bruno Alves; CHAVES JÚNIOR, José Eduardo de Resende (orgs.). *Tecnologias disruptivas e a exploração do trabalho humano*. São Paulo: LTr, 2017.

COLNAGO, Lorena de Mello Resende. Trabalho intermitente — trabalho "zero hora" — trabalho fixo descontínuo. *Revista LTr*, São Paulo, set. 2017.

CORRÊA, Antônio de Pádua Muniz. Reforma trabalhista: primeiras impressões. *Revista LTr*, ano 82, n. 4, São Paulo, p. 441, 2018.

DALLEGRAVE NETO, José Affonso. Flexissegurança nas relações de trabalho. Que bicho é esse? *Revista Trabalhista*, Rio de Janeiro, v. 25, p. 4-5, 2008. Disponível em: <http://www.calvo.pro.br/media/file/colaboradores/jose_affonso_dallegrave_neto/jose_dallegrave_neto_flexiseguranca2.pdf>. Acesso em: 19 dez. 2017.

DELGADO, Mauricio Godinho. *Curso de direito do trabalho*. 15. ed. São Paulo: LTr, 2016.

______. *Curso de direito do trabalho*. 17. ed. rev., atual. e ampl. São Paulo: LTr, 2018.

DELGADO, Mauricio Godinho; DELGADO, Gabriela Neves. *A reforma trabalhista no Brasil*. São Paulo: LTr, 2017.

DEL PUNTA, Riccardo. L'economia e le ragioni del diritto del lavoro. *Giornale di Diritto del Lavoro e di Relazioni Industriali*, n. 89, 2001 *apud* AMADO, João Leal. Perspectivas do direito do trabalho: um ramo em crise identitária? *Revista do Tribunal Regional do Trabalho da 15ª Região*, n. 47, Campinas, p. 184-185, 2015. Disponível em: <https://juslaboris.tst.jus.br/handle/20.500.12178/100764>. Acesso em: 11 maio 2018.

DI MARTINO, Vittorio. *The high road to teleworking*, feb. 2001. Disponível em: <http://www.ilo.org/public/spanish/support/itcom>. Acesso em: 26 fev. 2017.

DIEESE. *Terceirização e precarização das condições de trabalho*. Disponível em:<https://www.dieese.org.br/notatecnica/2017/notaTec172Terceirizacao.pdf>. Acesso em: 15 out. 2017.

EUROCIETT. *O papel do trabalho temporário e das transições no mercado laboral na Europa*. Disponível em: <http://www.weceurope.org/fileadmin/templates/eurociett/docs/Social_dialogue/Transitions_project/translations_executive_summary/PT_-_Executive_Summary.pdf>. Acesso em: 14 out. 2017.

FERNANDES, António Monteiro. *Direito do trabalho*. 15. ed. Coimbra: Almedina, 2010.

______. A "reforma laboral" de 2012: Observações em torno da Lei n. 23/2012. *Revista O Tempo de Trabalho: Jurisdição do Trabalho e da Empresa*, Lisboa. Disponível em: <file:///C:/Users/fabarbosa/Downloads/o_tempo_de_trabalho.pdf>. Acesso em: 11 maio 2018.

FOURASTIÉ, Jean. *Na grande esperança do século XX*. Paris: Gallimard, 1963.

GAUTHIER, Gustavo. Nuevas tecnologías, economía colaborativa y trabajo. In: TEODORO, Maria Cecília Máximo *et al.* (coord.). *Direito material e processual do trabalho*. São Paulo: LTr, 2017.

GOBIERNO DE ESPANHA. Agencia Estatal Boletín Oficial Del Estado [ES]. *Real Decreto Legislativo n. 2/2015, de 23 de octubre*, por el que se aprueba el texto refundido de la Ley del Estatuto de los Trabajadores. *Ultima actualización publicada El 13.5.2017.* Disponível em: <https://www.boe.es/buscar/act.php?id=BOE-A-2015-11430>. Acesso em: 2 dez. 2017.

______. Ministerio de Empleo y Seguridad Social. *Guía Laboral:* los contratos de trabajo: modalidades e incentivos. Disponível em: <http://www.empleo.gob.es/es/Guia/texto/guia_5/contenidos/guia_5_12_1.htm>. Acesso em: set. 2017.

GOMES, Dinaura Godinho Pimentel. Defesa e aprimoramento progressivo dos direitos fundamentais sociais: proibição de retrocesso social por meio de reformas trabalhistas. In: MARTINS, Juliana Caravieri; BARBOSA, Magno Luiz; MONTAL, Zélia Maria Cardoso (orgs.). *Reforma trabalhista em debate:* individual, coletivo e processual do trabalho. São Paulo: LTr, 2017.

GOMES, Júlio Manoel Vieira. Algumas reflexões sobre as alterações introduzidas no código do trabalho pela Lei n. 23/2012 de 25 de junho. *Revista O Tempo de Trabalho: Jurisdição do Trabalho e da Empresa.* Lisboa. Disponível em: <file:///C:/Users/fabarbosa/Downloads/o_tempo_de_trabalho.pdf>. Acesso em: 11 maio 2018.

GOMES, Júlio. *Trabalho a tempo parcial,* p. 31 *apud* MARTINS, André Almeida. O trabalho intermitente como instrumento de flexibilização da relação laboral: o regime do código do trabalho de 2009. *I Congresso Internacional de Ciências Jurídico-Empresariais*, p. 71. Disponível em: <https://icon-*line*.ipleiria.pt/bitstream/10400.8/772/1/artigo2.pdf >. Acesso em: 10 maio 2018.

GONÇALVES, Márcio Toledo. Uberização: um estudo de caso — as tecnologias disruptivas como padrão de organização do trabalho no século XXI. *Revista LTr*, São Paulo, 2017, p. 319 e ss., mar. 2017.

GREENWOOD, Brad; BURTCH, Gordon; CARNAHAN, Seth. Unknowns of the gig-economy: seeking the seeking multidisciplinary research into the rapidly evolving gig-economy. *Communications of the ACM,* v. 60 Issue 7, p. 27-29, jul. 2017. Color Photograph. DOI: 10.1145/3097349, Base de dados: Business Source Premier.

HERNANDEZ, Márcia Regina Pozelli. *Novas perspectivas das relações de trabalho:* o teletrabalho. São Paulo: LTr, 2011.

HOBSBAWN, Eric J. *Da revolução industrial inglesa ao Imperialismo*. 6. ed. Rio de Janeiro: Forense Universitária, 2011.

JUSBRASIL. Disponível em <https://fatimaburegio.jusbrasil.com.br/artigos/652938938/tribunal-da-franca-reconhece-vinculo-de-emprego-entre-entregador-de-comida-e-aplicativo>. Acesso em: 28 dez. 2018.

KALIL, Renan Bernardi. Direito do trabalho e economia de compartilhamento: primeiras considerações. In: LEME, Ana Carolina Reis Paes; RODRIGUES, Bruno Alves; CHAVES JÚNIOR, José Eduardo de Resende (orgs.). *Tecnologias disruptivas e a exploração do trabalho humano*. São Paulo: LTr, 2017.

LEME, Ana Carolina Reis Paes. UBER e o uso do *marketing* da economia colaborativa. In: LEME, Ana Carolina Reis Paes; RODRIGUES, Bruno Alves; CHAVES JÚNIOR, José Eduardo de Resende (orgs.). *Tecnologias disruptivas e a exploração do trabalho humano*. São Paulo: LTr, 2017.

LEMOS, Luciene Souza Soares de. Flexissegurança: aspectos gerais. *Revista Trabalhista: Direito e Processo,* São Paulo, a .9, n. 33, 2010.

LOWE, Matthew. Uber's gambit: reassessing the regulatory realities of the '*gig economy*'. *Cornell HR Review,* p. 1-5, mar. 2017. Base de dados: Business Source Complete.

MAIA, Gabriela Soares Pommot. *A relação dos contratos de trabalho atípicos com a flexibilização do direito do trabalho:* uma perspectiva luso-brasileira. Dissertação de mestrado, na área de especialização em ciências jurídico-empresariais/menção em direito laboral. Orientador Professor Doutor João Carlos Conceição Leal Amado. Coimbra: Universidade de Coimbra, 2015. Disponível em: <https://eg.uc.pt/bitstream/10316/34742/1/A%20relacao%20dos%20contratos%20de%20trabalho%20atipicos%20com%20a%20flexibilizacao%20do%20direito%20do%20trabalho%20uma%20perspectiva%20luso-brasileira.pdf>. Acesso em: 11 maio 2018.

MANRICH, Nelson. Futuro do direito do trabalho, no Brasil e no Mundo. *Revista LTr,* São Paulo, dez. 2017.

MARTINEZ, Pedro Romano; MONTEIRO, Luís Miguel; VASCONCELOS, Joana; BRITO, Pedro Madeira de; DRAY, Guilherme; SILVA, Luís Gonçalves da. *Código do trabalho anotado.*

11. ed. Coimbra: Almedina, 2017.

MENDES, Marcus Menezes Barberino. Lei n. 13.467/2017: as consequências econômicas da ampliação do poder estipulante. In: PAMPLONA FILHO, Rodolfo; LUDWIG, Guilherme Guimarães; VALE, Silvia Teixeira do (coords.). *Interpretação e aplicação da reforma trabalhista no direito brasileiro*. São Paulo: LTr, 2018.

MOREIRA, Teresa Alexandra Coelho. Algumas notas sobre o trabalho 4.0. *Prontuário de Direito do Trabalho, 2016 — II*. Lisboa: Centro de Estudos Judiciários, 2016.

MULCAHY, Diane. *The gig economy:* the complete guide to getting better work, taking more time off, and financing the life you want. New York: Amacon, 2016.

MURADAS, Daniela. A reforma trabalhista e o mito da classe média esclarecida: capital cultural e dependência dos fatores organizados da produção. In: PAMPLONA FILHO, Rodolfo; LUDWIG, Guilherme Guimarães; VALE, Silvia Teixeira do (coords.). *Interpretação e aplicação da reforma trabalhista no direito brasileiro*. São Paulo: LTr, 2018.

OLIVEIRA, Francisco Antônio de. *Reforma trabalhista:* comentários à Lei n. 13.467, de julho de 2017. São Paulo: LTr, 2017.

PEREIRA, Gisaldo do Nascimento. A reforma trabalhista e o futuro do trabalho. In: ARRUDA, Kátia Magalhães; ARANTES, Delaíde Alves Miranda (orgs.). *A centralidade do trabalho e os rumos da legislação trabalhista:* homenagem ao ministro João Oreste Dalazen. São Paulo: LTr, 2018.

PORTAL DE NOTÍCIAS G1. Disponível em: <https://g1.globo.com/economia/tecnologia/noticia/2018/12/19/justica-reafirma-vinculo-trabalhista-entre-uber-e-motoristas-no-reino-unido.ghtml>. Acesso em: 28 dez. 2018.

PORTUGAL. *Lei n. 4/2008*. Disponível em: <http://www.pgdlisboa.pt/leis/lei_mostra_articulado.php?nid=1084&tabela=leis>. Acesso em: 20 maio 2018.

______. *Lei n. 19/2007*. Disponível em: <https://dre.pt/pesquisa/-/search/520602/details/maximized>. Acesso em: 20 fev. 2018.

______. *Código do Trabalho*. Disponível em: <http://cite.gov.pt/pt/legis/CodTrab_indice.html>. Acesso em: 20 fev. 2018.

______. *Livro Verde sobre as Relações Laborais*, ponto 10.3, p. 193, abr. 2006. Disponível em: <file:///C:/Users/fabarbosa/Downloads/livro_verde_2006.pdf>. Acesso em: 11 maio 2018.

PRASSL, Jeremias; ADAMS, Abi; FREEDLAND, Mark. The "zero-hours contract": regulating casual work, or legitimating precarity? In: EUROPEAN LABOUR LAW NETWORK. *Working Paper Series* 5, Oxford: University of Oxford, 2015.

RAMALHO, Maria do Rosário Palma. *Tratado de direito do trabalho*. Coimbra: Almedina, 2012.

REALE, Miguel. *Nova fase do direito moderno*. 2. ed. São Paulo: Saraiva, 1998.

REDINHA, Maria Regina Gomes. *A relação laboral fragmentada*. Coimbra: Coimbra, 1995.

RODRIGUES JUNIOR, Edson Beas. *Convenções da OIT e outros instrumentos de direito internacional público e privado relevantes ao direito do trabalho.* São Paulo: LTr, 2017.

SANCHES, Diego Catelan. É tudo uma grande farsa, não é? *Revista LTr*, São Paulo, p. 1324, nov. 2017.

SENNETT, Richard. *A corrosão do caráter.* Rio de Janeiro: Record, 2002.

THE GUARDIAN. Disponível em: <https://www.theguardian.com/technology/2017/nov/10/uber-loses-appeal-employment-rights-workers>. Acesso em: 8 maio 2018.

TRIBUNAL SUPERIOR DO TRABALHO. *Súmula n. 331.* Disponível em: <http://www.tst.jus.br/sumulas>. Acesso em: 26 nov. 2018.

TRIDICO, Pasquale. *Riforme del mercato del lavoro, occupazione e produttivita:* un confronto tra Italia e Europa. (LP). Disponível em: <http:// host.uniroma 3.it/centri/jeanmonnet/pdf/Contributo%20Tridico%20Sindacalismo%20n.28.pdf>. Acesso em: 27 jul. 2017, *apud* GOMES, Dinaura Godinho Pimentel. Defesa e aprimoramento progressivo dos direitos fundamentais sociais: proibição de retrocesso social por meio de reformas trabalhistas. In: MARTINS, Juliana Caravieri; BARBOSA, Magno Luiz; MONTAL, Zélia Maria Cardoso (orgs.). *Reforma trabalhista em debate:* individual, coletivo e processual do trabalho. São Paulo: LTr, 2017.

VILLATORI, Marco Antônio César. Trabalho a tempo parcial no direito comparado. *Revista Trabalho & Doutrina (Processo e Jurisprudência),* diretor responsável Valentin Carrion, fascículo n. 21, São Paulo, p. 129, jun. 1999.